L'ŒUVRE
DE
FICHTE

DU MÊME AUTEUR

A LA MÊME LIBRAIRIE

L'œuvre de Kant, 2 tomes.

Essais sur la philosophie de la guerre.

Etudes kantiennes.

La liberté humaine dans la philosophie de Fichte.

Théorie et praxis dans la pensée morale et politique de Kant et de Fichte en 1793.

Schopenhauer. Une philosophie de la tragédie.

Jean-Jacques Rousseau et la pensée du malheur, 3 tomes.

A LA RECHERCHE DE LA VÉRITÉ
Collection publiée sous la direction de M. FERDINAND ALQUIÉ
Membre de l'Institut

ALEXIS PHILONENKO
Professeur à l'Université de Caen

L'ŒUVRE DE FICHTE

LIBRAIRIE PHILOSOPHIQUE J. VRIN
6, PLACE DE LA SORBONNE, V^e
PARIS
1984

ISBN 2-7116-0866-2

Pour Sylvie et Sophie

INTRODUCTION

Dans l'histoire de la philosophie moderne il n'est pas de destin plus étrange que celui de Fichte. Il déclare en 1793 dans une lettre qu'il a découvert « un nouveau fondement » sur lequel pourra s'édifier le système de la philosophie en sa totalité (1). Dès 1794-95 il s'élève au firmament de la pensée et réussit à inscrire son nom parmi ceux des plus grands philosophes. Il développe une doctrine du droit et un système de l'éthique et l'année 1798 amorce son déclin. Se consacrant à ses travaux souvent dans l'obscurité et ne publiant pas ses recherches fondamentales, il meurt en 1814 dans l'indifférence générale. Tel fut Fichte pour la majorité de ses contemporains : une étoile filante qu'on ne peut cependant oublier tout-à-fait. Il devint une marche dans l'escalier menant *via* Schelling de Kant à Hegel (2). La recherche moderne, en partie favorisée par la conservation soigneuse de ses écrits, découvre en Fichte un philosophe extraordinaire, prestigieux, dominant la systématique philosophique avec une maîtrise géniale. Et nous assistons à une renaissance aidée par la grande édition de l'Académie de Bavière (3). Il y a là quelque chose de saisissant : Fichte sort de la tombe où on l'enterra vivant.

1. Joachim Widmann, *Johann Gottlieb Fichte,* Berlin, 1982, p. 19.
2. R. Kroner, *Von Kant bis Hegel,* Tübingen, 1921.
3. J.G. Fichte – Gesamtausgabe der Bayerischen Akademie der Wissenschaften, Herausgegeben von Reinhard Lauth und Hans Jacob.

Nous ne reviendrons pas ici sur l'homme tel qu'a cru le voir X. Léon (4) et il suffira de dire que ce géant de la pensée était un être tourmenté et noble (5). Sa formation théologique le destinait à l'état de pasteur, mais il devait, par une intuition fulgurante, être destiné à l'élaboration du concept du Savoir qu'il poursuivit jusqu'à la fin de sa vie. Si nous avons assez de simplicité nous devons séparer l'œuvre de Fichte en deux tas inégaux. Jusqu'en 1797-98 Fichte publie normalement ses recherches et après 1800 il divise son œuvre : d'un côté la philosophie conçue comme science rigoureuse (les exposés de la *Doctrine de la science* de 1801 et 1804) de l'autre les œuvres proches de la philosophie populaire, comme *L'initiation à la vie bienheureuse* de 1806. Dans la première période Fichte publie tout : les travaux de philosophie spéculative et les travaux de philosophie populaire – dans la seconde période il ne publie pas les résultats de ses grandes recherches philosophiques. La *Doctrine de la Science* (6) de 1801 et celle de 1804 sont seulement l'objet d'un exposé oral. Mille explications peuvent être avancées, mais la plus juste encore est celle de Fichte se jugeant à bon droit trahi par ses lecteurs et se réfugiant dans l'exposé oral où l'on peut s'assurer d'être à un niveau minimal compris.

En 1793, alors qu'il n'avait pas encore connu la gloire de la philosophie pure, Fichte avait attiré l'attention du public par deux essais saisissants qu'on doit évidemment compter dans son œuvre, mais qui en fait appartiennent *mutatis mutandis* à sa période pré-critique. Le premier est l'*Essai d'une Critique de toute révélation* publiée vers la fin de 1792. Le contenu de l'ouvrage, bien écrit, est beaucoup moins important que ce qui ne s'y trouve pas. En gros Fichte suivait

4. X. Léon, *Fichte et son temps*, Paris, 1927. 3 volumes.

5. Alexis Philonenko, *La liberté humaine dans la philosophie de Fichte*, Paris, 1966.

6. Nous utiliserons désormais l'abréviation allemande de la *Doctrine de la science* c'est-à-dire : W-L.

l'orientation imprimée par Lessing et Kant à l'*Aufklärung* en imposant des critères à la révélation, la contraignant à s'accorder avec la loi morale et la raison pratique. Sans peut-être apercevoir toutes les implications de la juxtaposition formelle de Dieu et de la raison pratique, uniquement conçue sous le signe de la contradiction – Dieu ne peut être l'auteur d'une révélation opposée à la raison pratique – (7), Fichte dénonçait maintes formes statutaires de la religion. Il ne pouvait pas savoir évidemment le difficile problème que lui poserait la subsistance de l'idée de Dieu au sein de la W-L. Son principe est le suivant : « De même que la raison nous parle, de même parle-t-elle à tous les êtres raisonnables et à Dieu lui-même » (8). Cela suffit pour écarter toutes les formes de superstition, car celle-ci, même à l'origine d'un culte statutaire, ne peut être *comprise*. Dieu parle comme la raison pratique et celle-ci comme Dieu et le reste ne résiste pas à la critique. Il est très difficile d'estimer le sens de cet écrit pour deux raisons dont l'une est un rare caprice de l'histoire. Le livre fut, en effet, publié sans qu'y figurât le nom de l'auteur. Cela fit beaucoup de bruit : *Critique de toute révélation !* on imagina que seul Kant avait le droit d'écrire une *Critique* et inconnu, mais bientôt révélé, Fichte profitant de la rumeur et des félicitations générales (qu'on avait voulu dédier à Kant) acquit la notoriété de grand philosophe. Or si son livre était estimable, il faut être sérieux et convenir qu'il brillait plutôt par sa clarté, sa méthode que par sa puissance et son originalité. Mais enfin Fichte fut par ce caprice de l'histoire singulièrement aidé par Kant. C'est donc bien ce qui ne se trouve pas dans l'ouvrage qui fut décisif. Toutefois il y a une seconde raison. Comme M. Naar l'a expliqué dans sa préface à la traduction de *La Religion dans les limites de la simple raison* de Kant (9), la censure devenait plus

7. GA, I, 1, p. 88. 8. Ib. p. 81.
9. M. Naar dans cette préface donne les sources auxquelles on doit se reporter pour entendre ce conflit.

pesante et il n'est pas interdit de penser que les éditeurs de Fichte entendaient ménager leurs arrières et ne pas courir au devant de difficultés inutiles (10).

Cet ouvrage néanmoins garantit l'avenir immédiat de Fichte, aussi bien sur le plan moral et intellectuel – c'était un *philosophe !* – que sur le plan matériel (il en retira quelque argent). Mais il ne faut point se cacher qu'il ne dépassait que de fort peu la philosophie kantienne sous sa forme populaire. En revanche le second essai, *Les Contributions destinées à rectifier le jugement du public sur la Révolution française,* fut publié sous le couvert de l'anonymat et cette fois volontairement, mais personne ne s'y trompa (11). Le contenu de l'ouvrage est puissant : Fichte développait en critiquant Rehberg (12) des vues profondes sur le pacte social, sur la propriété, sur l'Etat et il s'engageait dans la voie du socialisme libéral (13). On a souvent souligné à tort la dimension « anarchique » de la pensée de Fichte (14), qui cependant voulait concilier individualisme et totalité (15). Mais cet ouvrage courageux et qui fut en partie la cause de la disgrâce de Fichte catalogué comme Jacobin consacra surtout la rupture avec Kant. C'est une chose très étrange, mais dans le champ si important de la philosophie du droit et de la politique – champ qui possède une valeur affective décisive – Fichte se séparait de Kant entièrement. Kant donnait une priorité à l'ordre, Fichte affirmait d'abord la liberté, Kant n'accordait à l'humanité qu'une dimension morale et distinguait citoyens actifs

10. J.G. Fichte, *Versuch einer Kritik aller Offenbarung* (PHB, Hambourg, ed. Hans Jürgen Verweyen), p. XVII.

11. X. Léon, *Fichte et son temps,* T. I, p. 180 sq.

12. W. Rehberg, *Untersuchungen ueber die französische Revolution,* Hannover, 1793.

13. P. Ph. Druet, *Le Problème du régime politique chez Fichte : Métaphysique et Empirie,* in *Der Transzendentale Gedanke,* Hamburg, 1981.

14. G. Vlachos, *Fédéralisme et raison d'Etat dans la pensée internationale de Fichte,* Paris, 1948.

15. Cf. l'ed. *Beitrag. ueber die fransz. Rev.* von R. Schotthy dans la *Philosophische Bibliothek* (PHB, F. Meiner, n° 282).

et citoyens passifs, Fichte ne connaissait que l'homme, Kant faisait de l'Etat une fin, Fichte n'y voulait voir qu'un moyen (16). Ces oppositions capitales impliquaient des oppositions dérivées relatives par exemple à l'état de nature que Fichte refusait, comme Kant, de concevoir comme un état de guerre, et dans l'ensemble les *Contributions* qui se voulaient cependant inspirées de Kant furent un échec massif : le futur auteur de la W-L devait s'apercevoir que guidé par les principes kantiens il ne parvenait qu'à se mettre en contradiction avec lui-même en aboutissant à la conclusion désespérante pour un révolutionnaire que la justice observée par les peuples obligerait les souverains à être justes (17). Nous possédons un document important pour apprécier la signification en quelque sorte intérieure des *Contributions* pour Fichte ; il s'agit de la lettre qu'il adresse à Kant le 20 septembre 1793. Il remercie tout d'abord Kant de sa bienveillance et il ajoute : « C'est avec la même joie que j'attends la parution de votre Métaphysique des Mœurs et que j'ai lu votre Religion à l'intérieur... etc. En ce qui touche le droit naturel, le droit public (Staatsrechts), la politique mon plan s'élargit et je n'aurai pas trop de la moitié d'une vie pour le réaliser » (18). Dans cette même lettre il avoue qu'il a publié les *Contributions* (ce que tout le monde savait !). Or cette lettre est remarquable. D'une part Fichte déclare qu'il consacrera la moitié d'une vie à la philosophie du droit et à la politique et l'allusion à la *Métaphysique des mœurs* de Kant n'est pas tellement bienveillante, puisque Fichte entrevoit déjà par lui-même son plan. Mais d'autre part Fichte parle de la moitié d'une vie. Pourquoi pas toute une vie ? C'est

16. De manière générale, cf. M. Gueroult, *Etudes sur Fichte*, Paris, 1974, p. 152 sq et A. Philonenko, *Théorie et praxis dans la pensée morale et politique de Kant et de Fichte*, § 67.

17. GA. I, p. 208. En fait Fichte doit se limiter à la revendication de la liberté de penser par où il ne se distingue point de l'Aufklärung, ni de Kant, cf. *Qu'est-ce que s'orienter dans la pensée*, AK. Bd. VIII, p. 133 sq.

18. GA, III, 1, p. 431, Lettre n° 160.

bien évidemment parce qu'il a compris que pour renouveler la philosophie pratique kantienne dans sa généralité il fallait consacrer l'autre moitié de la vie à la théorie. Enfin née d'un accord entre la théorie et la philosophie pratique la W-L serait par la force des choses contrainte d'associer les idées et le réel, les hommes et les pensées. La question se précisera plus nettement dans la fondation de la relation d'intersubjectivité qui implique l'autre de la pensée et la pensée de l'autre, et que présupposait la *Critique de la faculté de juger* de Kant.

C'est donc le moment absolu où l'interprétation doit se fixer son orientation générale. Sans même savoir ce que signifie l'*idéalisme* on s'est très tôt imaginé que la W-L « absorbait le monde dans la conscience ». Naturellement cette métaphore « alimentaire » était puissante. La doctrine de Fichte n'était, selon l'expression de Schelling (à vrai dire mal entendue), qu'un « idéalisme subjectif », transformant les choses en idées. Cette opinion désastreuse se fixe très vite en France par l'intermédiaire de Victor Cousin. En Allemagne des étudiants paresseux lançaient des pierres dans les fenêtres de Fichte espérant lui prouver la réalité du monde en criant « V'la le Non-Moi ! ». Infiniment supérieur à V. Cousin (19), Martial Gueroult se déclare convaincu qu'on ne peut passer de l'identique (le Moi absolu) au non-identique (20). Mais il faut être sérieux : d'un côté il est inconcevable qu'attiré par la réalité juridique, sociale, historique des hommes Fichte ait en la théorie professé un idéalisme théorique volatilisant la réalité, qui ne saurait être retrouvée que par un coup

19. V. Cousin, *Introduction à l'histoire de la philosophie*, 4e ed. Paris, 1861 : « L'idéalisme... déjà manifeste dans la philosophie trop subjective de Kant, est arrivé à son dernier terme dans la subjectivité absolue de la doctrine de Fichte », p. 284.

20. M. Gueroult, *L'évolution et la structure de la doctrine de la science chez Fichte*, Paris, 1930. T. I, p. 124.

de baguette magique (21). L'interprétation devra donc toujours être attentive à la réalité. Mais d'un autre côté l'idéalisme n'est pas la subjectivité. 4 + 4 est une réalité idéale que rien ne peut briser ; on peut détruire la table sur laquelle j'écris sans pouvoir le moins du monde anéantir l'équation qui la définit mathématiquement. En revanche la subjectivité est *subjective :* c'est mon point de vue qui n'a aucune solidité tant qu'il n'est pas relié aux équations et l'on peut parfaitement détruire la subjectivité en me détruisant moi comme être sensible, affectif. On voit dès lors le chemin que doit suivre l'interprétation : tenter de ne pas s'enfermer dans la tradition si traîtresse venue de Schelling, de Victor Cousin et de bien d'autres encore et parmi eux Hegel (22). Rien n'explique l'interprétation classique de la pensée fichtéenne. Comment a-t-on pu un seul instant croire qu'un philosophe soucieux de la réalité juridique, économique, sociale, ait pu par ailleurs édifier un système ôtant tout sens à son entreprise ? Mais on l'a cru, on le croit peut-être encore ne sachant ni ce qu'est la réalité, ni l'idéalisme, ni la subjectivité (23).

Il est vrai qu'en une philosophie tout n'est pas aisément explicable. Il y a des présuppositions plus ou moins intelligibles. Dans le cas de Fichte il faut en relever deux. La première est la quintuplicité. L'auteur de la W-L, bien avant de pénétrer rigoureusement dans la problématique philosophique aimait à combiner ses pensées en cinq moments. Nous découvrons ce schème dans une courte

21. Cette malheureuse expression de « coup de baguette magique » a été utilisée par Martial Gueroult lui-même dans une conférence donnée dans le cadre du bicentenaire de la naissance de Fichte à la Société française de philosophie. A présent conscients de l'importance générative de la problématique de l'inter-subjectivité, les lecteurs de Fichte, guidés par R. Lauth, *Zur Idee der Transzendentalphilosophie,* Münich, 1965, pp. 73-123, ont totalement abandonné le prétendu subjectivisme, cf. par ex. Ingeborg Schüssler, *Die Auseiandersetzung von Idealismus und Realismus in Fichtes Wissenschaftslehre,* Frankfurt am Main, 1972. A. Philonenko, *La liberté humaine dans la philosophie de Fichte,* passim.

22. Hegel, SW (Glockner) Bd. I, p. 88.

23. H. Cohen, *Werke,* Bd. VI et VII donne de précieuses lumières.

nouvelle romantique, *La vallée des amants* que Runze date de 1788 et que Lauth et Jacob verraient plus justement datée de l'été 1790 (24). Il est vraisemblable que cette nouvelle a pu traîner entre les deux dates, car enfin elle n'est pas très suivie, ni très intéressante. Mais elle ne peut être replacée en 1793 lorsque Fichte découvrira l'idée de son système. Donc soit en 1788, soit 1790, mais pas après, nous voyons un petit roman avec *cinq* personnages. Il se termine ainsi : « ... lorsqu'ils se retournèrent, ils virent briller sur la tombe *cinq petites flammes* » (25). Or Fichte, par la suite, s'efforcera d'organiser toutes ses pensées philosophiques, depuis les plus petites – par exemple une synthèse mineure de la première W-L, dont la forme est A → C → E ← D ← B – jusqu'aux plus grandes : il y a, selon lui cinq époques dans l'histoire, cinq grands points de vue philosophiques (26). Ce qui est extraordinaire est que parti, on ne sait pourquoi, de la quintuplicité dans un récit romanesque, Fichte élèvera le procédé à la hauteur d'une combinatoire subtile qui n'a rien à envier à certaines axiomatiques modernes. Il finira par découvrir ici une loi de l'Etre dans la W-L de 1804 (27). Pourquoi toujours cinq moments s'organisant dans des structures de plus en plus complexes, et non six ou sept ou trois ? Il n'existe pas, à notre sens, de réponse vraiment satisfaisante et nous pencherions plutôt pour une explication psychologique. La triade est psychologiquement trop sommaire, six moments ne permettent pas de fonder un foyer où convergent les autres moments, pour la simple raison que six moments sont simplement une dyade développée et enfin la combinatoire jouant sur sept moments, si elle offre bien la possibilité d'un foyer, dépasse le pouvoir de notre entendement. Mais

24. GA, II, 1, p. 265. 25. GA, II, 1, p. 281.

26. Fichte, SW (I. Fichte) Bd. VII, p. 11 sq Bd. V, p. 466.

27. J.G. Fichte, *Nachgelassene Werke* (I. Fichte, 1835) Bd. II, p. 105 sq, ou J.G. Fichte, *Die Wissenschaftslehre*, 1804/2, ed. R. Lauth - J. Widmann, PHB, F. Meiner, 1975, p. 21 et suiv.

l'explication psychologique ne fait que rendre compte de l'orientation ; l'élaboration mathématique de la combinatoire doit être appréciée d'un point de vue transcendantal.

Un autre aspect de la pensée de Fichte n'est pas pleinement explicable. Ce savant n'a jamais cru bon d'exposer toute sa pensée. Prenons un exemple capital : l'intuition intellectuelle (28). Il en fait mention dans sa recension de l'*Enésidème,* livre dont l'auteur était G.E. Schulze, brièvement et de manière elliptique (29). Ce concept est de grande importance, mais si nous lisons ligne après ligne la première version de la W-L, nous ne l'y trouvons pas et Hegel comme Schelling croiront pourtant l'y découvrir. Or, il ne faut pas l'oublier, sous peine de tout confondre, la première version de la W-L *(Die Grundlage der gesammten Wissenschaftslehre)* est la seule publiée du vivant de Fichte. Ne discutons pas encore cette anomalie d'un point de vue philosophique et remarquons que *mutatis mutandis* tout se passe comme si Descartes n'avait publié que le *Discours de la méthode* et rejeté dans l'ombre le *Je pense, donc je suis !* On peut bien accorder au P.X. Tilliette que « tous les lecteurs dignes de considération » ont replacé le concept en son lieu (supposé vrai !). Mais le plus digne de considération en toute l'affaire, l'auteur, n'a pas même indiqué la place correcte ! Une explication psychologique n'est pas ici déplacée. Dans un texte précieux de 1786, donc bien antérieur à la conception de la philosophie transcendantale, intitulé *Sur les intentions de la mort de Jésus* (30), il explique que le Christ enseignait dans un certain « clair-obscur », que ses preuves étaient fondées, mais qu'il fallait « penser par soi-même, s'interroger, chercher soi-même ». Le Christ ne disait pas tout clairement et

28. A. Philonenko, *Etudes kantiennes*, Paris, 1982, « Die intellektuelle Anschauung bei Fichte », p. 197 sq.
29. GA, I, II, p. 48, 57.
30. GA, II, I, p. 90.

distinctement. Dans la *Préface* de la *Grundlage der ges. W-L,* il reprend le thème et avec les mêmes expressions : « Je tiens tout particulièrement nécessaire de rappeler, que je n'ai pas voulu tout dire, mais laisser à mon lecteur quelque chose à penser. Il y a maints malentendus, que je prévois avec certitude, et que j'aurais pu éviter avec une paire de mots. Mais je n'ai pas dit cette paire de mots, parce que j'aurais pu opprimer la pensée personnelle. D'une manière générale la Doctrine de la science ne doit point *s'imposer,* mais doit *être un besoin,* comme elle l'a été pour son auteur » (31). Ainsi la W-L sera, elle, aussi, développée dans un certain clair-obscur – idée religieuse : les *preuves* seront solides, mais ce sera pour le lecteur une *épreuve* personnelle et pénible que de s'élever jusqu'à leur juste compréhension. Si la philosophie n'était qu'une technique parmi tant d'autres cette orientation serait aberrante, mais la philosophie est un *devoir* qui exige l'effort. On conçoit par là que le développement ultérieur de la W-L dans sa partie spéculative fondamentale se soit réduit à des leçons, essentiellement 1801, 1804, réservées à des esprits que Fichte jugeait ouverts. C'est une nécessité intérieure qui conduisit Fichte à ne plus répandre sa pensée fondamentale dans des écrits pour personne et tout le monde. On retrouve ainsi chez lui la méfiance de Platon pour l'écrit. Le 1er janvier 1804 Fichte insère dans le *Journal* de Spener cette annonce très significative : « Le soussigné s'offre à poursuivre, dans des leçons orales, l'exposition de la *Doctrine de la Science,* c'est-à-dire de la solution complète du problème du monde et de la conscience, en y apportant l'évidence mathématique. Il choisit ce moyen de communiquer avec le public d'autant plus volontiers qu'il n'a pas l'intention d'imprimer les résultats de ses derniers travaux, fruits de beaucoup d'années d'efforts, car sa philosophie ne peut pas s'apprendre comme de l'histoire ; elle suppose,

31. GA, I, II, p. 253.

pour être entendue, l'art même de philosopher qui s'enseigne et se pratique le mieux par des expositions orales et dans des entretiens » – Signé : *Fichte* (32). Cette annonce était fort bien rédigée. Premièrement le problème de la philosophie n'est pas celui de la seule subjectivité, mais de la « conscience et du monde ». Deuxièmement il convient d'apporter une solution mathématique au problème. Troisièmement la philosophie doit être plus vécue qu'apprise. Et Fichte se reprochera même d'avoir laissé publier la première version de la W-L dont il souligne à la fois les imperfections et la rigueur achevée (33). Il n'aime pas Platon, trop enfoncé dans les ténèbres de l'histoire de la pensée selon lui, mais il en est, par l'orientation de sa démarche plus proche qu'aucun autre philosophe de son époque.

Veut-il dès lors commencer ou recommencer la philosophie ? Il veut faire et l'un et l'autre. Il veut commencer la philosophie en un sens : au terme usé de philosophie il substitue celui de *Wissenschaftslehre* (34), théorie du savoir. Cette nouveauté terminologique subsistera et notamment chez Hegel en sa *Wissenschaft der Logik. Wissenschaft* signifie chez Fichte métaphysique comme science et savoir ; et dans la mesure où l'œuvre se constitue comme *Wissenschaftslehre,* il s'agit d'une métaphysique du savoir conçu comme philosophie. La *Doctrine de la Science* est une métaphysique de la philosophie et son problème consistera à développer les principes qui rendent possible la philosophie. L'inspiration est kantienne : on sait que Kant dans la dialectique transcendantale avait prétendu élaborer une métaphysique de la métaphysique. Nous sommes en présence d'une volonté fondamentale de renouveau. – Mais d'un autre côté il ne s'agit pas de tout reprendre. Fichte a délibérément laissé de côté tout savoir déjà solide,

32. Cité par Noack, *J-G. Fichte nach seinem Leben, Lehren und Wirken,* Drittes Buch, 4, p. 453.
33. GA, I, II, p. 415.
34. Ibid, p. 118.

par exemple une section de la philosophie de la nature (celle développée par Newton) en considérant qu'il allait de soi qu'un tel contenu s'intégrait à la W-L.

On s'est beaucoup disputé sur la structure de la conception encyclopédique de la W-L. R. Lauth a développé avec rigueur ce plan (35) qui repose d'une part sur l'exposition des connaissances acquises, d'autre part sur un éclaircissement des possibilités encore irréalisées de l'homme, enfin sur les applications de la philosophie. Ce qui n'est pas évident est jusqu'à quel point Fichte a élaboré telle ou telle section. Par exemple il saute aux yeux que dans le champ de la philosophie pratique et politique Fichte a œuvré considérablement pour l'élaboration du droit, de la politique et de l'histoire ; en revanche sa contribution à la philosophie de la nature, compte-tenu de sa controverse avec Schelling (36) se laisse plus difficilement repérer. Nous possédons deux écrits susceptibles de nous éclairer. Le premier est l'écrit programmatique *Sur le concept de la Doctrine de la science* qu'il ne faut consulter que dans l'édition de Weimar de 1794, la première. L'ouvrage repose sur deux idées. D'une part l'élaboration de la W-L comme système du savoir doit dériver d'un seul principe (qui en lui-même peut être d'une structure complexe, mais unitaire). D'autre part le système doit être riche, tout embrasser, et par exemple procurer une nouvelle théorie de l'agréable, du beau, du sublime, de la légalité de la nature en sa liberté, de la théologie, du sens commun, du droit naturel et de la morale (37). Cela fait beaucoup – mais la perspective était entièrement faussée par un fait très simple. Comme le *Discours de la Méthode* de Descartes (où on réclamait de l'argent pour de nouvelles batailles) Fichte dans l'Ecrit

35. R. Lauth, *Zur Idee der Transzendentalphilosophie*, p. 123.
36. R. Lauth, *Die Entstehung von Schellings Identitätsphilosophie in der Auseinandersetzung mit Fichtes Wissenschaftslehre*, München, 1975.
37. GA, I, II, p. 151.

programmatique (*Ecrit invitant à ses leçons* – qui n'étaient pas gratuites ! – comme on le voit sur la page de titre (38), demandait qu'on subventionne ses recherches et il devait faire des promesses. Elles disparaissent purement et simplement dans la seconde édition de 1798. Fichte dit seulement : « Pour l'achèvement du système ce qu'il y a encore à faire est proprement indescriptible. A présent le fondement est à peine posé, et à peine un élément de l'édifice achevé... » et il annonce une modification du plan de travail : il se consacrera à toujours mieux approfondir le fondement (39). La conclusion de la W-L *nova methodo* (1798-1799), achèvement d'une série de leçons, est un écrit qui ne touche ni de près, ni de loin au prospectus comme l'Ecrit programmatique. Fichte énonce avec clarté la division organique de la W-L. I. Moment fondateur et suprême, la W-L pure comme instauration de toute philosophie concevable scientifiquement. II. Théorie de la Nature – elle est déjà bien avancée par Kant dans sa Métaphysique de la nature *(Critique de la Raison pure* et *Premiers principes métaphysiques de la science de la nature).* On peut avancer aussi la IIe partie de la *Critique de la faculté de juger.* Le travail ne mérite pas d'être refait intégralement et cette section de l'œuvre de Kant s'intègre ici à la W-L. III. A l'opposé de la nature, l'éthique dont Fichte a fait la théorie complète dans sa *Sittenlehre* (1798). IV. Il y a une discipline qui médiatise les moments II et III. C'est la théorie du droit et Fichte l'a, à cette date considérablement développé dans son *Droit naturel* (1796). V. Reste une discipline : l'esthétique que Fichte considère comme la voie d'accès populaire à la philosophie et elle est développée aussi bien chez Platon, Rousseau, que Kant. Là encore Fichte peut compléter son système sans peine et surtout sans perdre un temps précieux à l'élaboration du

38. « *Als Einladungsschrift zu seinen Vorlesungen...* ».
39. GA, I, II, p. 162-163.

fondement (40). Ce texte qui conclut la W-L *nova methodo* 1798 est clair, simple, évident : Fichte sans renoncer à l'entreprise encyclopédique se réserve la tâche fondatrice et intègre avec sagesse les acquis antérieurs à son plan. On remarquera que la disposition générale est une synthèse parfaitement intelligible de cinq moments qui ne laisse rien échapper. En même temps cette encyclopédie des sciences philosophiques est sage. Il ne s'agit pas de tout recommencer mais de tout relier. Mais cela ne se peut faire que lorsqu'on possède le principe fondateur. Fichte se situe alors dans la meilleure tradition kantienne : non pas déduire le monde *a priori*, mais le retrouver *a priori* en dévoilant l'essence, la possibilité, qui fait que ces choses *sont* (41). Et surtout qu'on ne se méprenne pas : la réflexion *a priori* ne prétend jamais écarter l'expérience et Fichte encourageait ses élèves à étudier les choses concrètes (42).

40. J.G. Fichte, *Wissenschaftslehre nova methodo* (ed. E. Fuchs, PHB n° 336, Meiner, 1982) pp. 240-44.

41. Pour les implications, cf. Alexis Philonenko, *L'Oeuvre de Kant*, T. I, p. 167.

42. Cf. *J.G. Fichte im Gespräch* (ed. E. Fuchs, Lauth, Schieche) Bd. II, p. 203 (Intelligenzblatt der Erlanger Litteratur, Zeitung. Nr. 24, 24/9/1799, Col. 187 et suiv.

CHAPITRE PREMIER

LA PREMIERE W-L 1794-1795.

Comme on l'a dit Fichte atteint le firmament de la pensée philosophique et y séjourne quelques années entre 1794 et 1797-98. Même si l'on peut discerner des réserves du philosophe, il est incontestable que la situation historique de Fichte dans l'histoire de la philosophie s'esquisse et se détermine à jamais. Le P. Tilliette consent à cette opinion. Fichte publie en même temps ses écrits scientifiques et populaires. C'est la flamboyante période d'Iéna. Par la suite Fichte ne publiera plus ses recherches fondamentales pour les raisons que l'on sait. Ni Schelling, ni Hegel n'auront accès à celles-ci. Que la W-L soit un chemin intérieur conduisant à un meilleur approfondissement du fondement à travers 1801 et 1804, seuls les intimes – rarement versés dans la haute spéculation – pourront l'entendre. Et au cas où ils pourraient l'entendre, ils ne pourront apporter la preuve formelle de ce cheminement. Il est profondément significatif de considérer que la W-L de 1804 est éditée, avec bien des fautes, seulement dans les *Nachgelassene Werke* (œuvres posthumes) publiées en 1835 par le fils de Fichte (1). L'exposé de la *Doctrine de la Science* de 1801 figure bien dans les *Sämmtliche Werke,* mais l'édition est de 1845 et le texte est indiqué *« Zum ersten Male gedruckt »* (publié pour la première fois). La recherche

1. J.G. Fichte, *Nachgelassene Werke* (I. Fichte) Bd. II.

fichtéenne souligne actuellement que cette « première édition » est remplie d'interpolations, de coupures et est dans son organisation interne profondément mutilée. Par exemple et c'est tout de même grave l'organisation des §§ n'est pas conforme (2) à la copie. Donc seul le texte de 1794-95 (trois éditions du vivant de Fichte) fut connu des contemporains comme texte fondamental. Fichte est d'abord et avant tout l'auteur de la W-L de 1794-95. Et même si l'histoire érudite de la philosophie retrouve les différentes versions de la W-L de 1798 à 1813, l'histoire monumentale accordera toujours un privilège à la version de 1794-1795. Sans doute la W-L fut un chemin. Dans la cinquième conférence de l'*Anweisung zum seligen Leben* de 1806 (qu'il s'agisse de la cinquième conférence est très significatif) Fichte discerne cinq points de vue sur le sens du monde : I, le réalisme sensualiste pour lequel il ne trouve pas de mots assez durs, II, la conception du monde fondée sur les rapports juridiques qu'entretiennent les êtres raisonnables et il précise que le développement d'une doctrine éthique et d'une doctrine morale (au point de vue kantien) fut l'attention de tous et qu'il s'appliqua à la tâche avec une grande énergie (3) ; au demeurant il ne manque pas, ajoute Fichte, d'exemplaires en lesquels on se puisse rendre compte de la valeur de cette conception, III, on trouve ensuite la conception du monde fondée sur la moralité créatrice, dont la WL *nova methodo* de 1798 apporte les éléments fondateurs (4), IV, quant à la quatrième conception c'est celle de la religion et l'on peut penser que la W-L de 1801 apporte d'heureux compléments (5). V, la

2. Comparer le texte des SW (I. Fichte) Bd. II. et l'édition critique de R. Lauth publiée par les soins de R. Lauth et ses collaborateurs, PHB, F. Meiner, Hambourg, 1977.

3. SW, Bd. V, p. 467.

4. Ne serait-ce que par le rôle qu'elle accorde à l'intuition intellectuelle.

5. E. Cassirer, *Das Erkenntnisproblem in der Philosophie und Wissenschaft der neueren Zeit*, Berlin, 1923, Bd. III, p. 174 sq.

cinquième conception est celle de la science dans un mouvement unificateur qui réunit tous les moments et il s'agit sans aucun doute de la W-L de 1804. On mesure par là combien Fichte a pu paraître sous un demi-jour à ses contemporains : des moments fondamentaux n'ont pas pris la route de l'imprimerie.

Il convient donc afin d'estimer l'histoire potentielle de considérer d'abord l'histoire qui fut, c'est-à-dire la *Grundlage der gesammten Wissenschaftslehre* 1794-95. Convenons de bon gré, que l'ouvrage, manuel destiné à ses auditeurs et qui empruntait souvent ses exemples à Salomon Maimon, fut très déroutant à beaucoup d'égards. D'une part en sa terminologie. Passe pour le « Ich », mais l'expression « Nicht-Ich », forgée de toutes pièces est profondément déroutante. De même l'expression « Ichheit » ne sera jamais convenablement rendue en français : *Moïité* et *égoité* ne conviennent pas vraiment. Il faut traduire la W-L de 1794-95 pour se rendre compte des aspérités du style (6). D'autre part l'extraordinaire élaboration de la pensée suivant la synthèse quintuple donne à penser : la combinatoire est d'une complexité décourageante, le message chifffré, codé même et le livre s'appuie sur une mathématique supérieure. Enfin le concept autour duquel tout devrait s'ordonner, l'intuition intellectuelle, n'est pas repérable. Tout cela conduit à juger que la première W-L, comme le pensait M. Gueroult, n'est que la partie *théorique* (confuse) du système de *La Doctrine de la Science.* Ecartons les préjugés et ouvrons le livre. Il comprend trois parties – d'abord la théorie des *principes,* §§. 1-3, ensuite *la fondation du savoir théorique,* §. 4, enfin la *fondation du savoir pratique,* §. 5 sq. Ce livre n'est pas la section théorique du système, mais le moment fondateur qui rend possible non seulement le développement de la réflexion théorique, ou pratique, mais encore les applications, par exemple dans l'horizon de la

6. Voir dans mes remarques à la traduction des *Oeuvres choisies de philosophie première,* le §. 2.

philosophie pratique fondée le développement de la politique et en particulier *L'Etat commercial fermé.* Ce rôle fondateur oblige l'esprit sérieux à relire le titre de l'œuvre : *Grundlage der gesammten Wissenschaftslehre.* La *Grundlage* n'est pas à confondre avec ce qu'elle fonde ; elle pose les principes de la science en sa totalité. La méthode de Fichte dans cet exposé fondateur appelle les remarques suivantes.

I. L'exposé scientifique, déclare Fichte (au sommet de sa pensée) « ... dégage la vérité de l'erreur qui lui est opposée sous toutes ses faces et dans toutes ses déterminations et en détruisant comme erronées et impossibles selon une pensée correcte les opinions qui s'y opposent, montre la vérité subsistant seule une fois celles-ci enlevées et par conséquent comme la seule correcte possible et c'est en cette élimination de ce qui s'oppose à la vérité et cette épuration de la vérité tirée du chaos confus où vérité et erreur sont confondues que consiste la caractéristique propre de l'exposé scientifique. Celui-ci nous fait donc assister à la naissance de la vérité se dégageant sous nos yeux d'un monde plein d'erreur » (7). Il est donc inconcevable d'après ce texte très clair que l'exposé de 1794-95 débute par l'exposition pure de la vérité. Les principes énoncés au début devront évoluer correctement vers leur vérité.

II. Fichte ne dit pas expressément que la vérité est absente au début ; il dit seulement qu'elle est enveloppée dans l'erreur et méconnaissable. Ainsi sera nécessaire une dialectique, ou pour parler le langage de 1804 une phénoménologie de la vérité apparaissant au terme d'une épreuve dialectique. En 1794-95 Fichte, très conséquent, n'écrit pas les mots *intuition intellectuelle,* même si elle est présente sous le mode de la part de vérité comprise en toute erreur. On ne l'entendrait pas et c'est donc bien une erreur capitale de

7. SW. Bd. V, p. 422.

la réintroduire au début de l'ouvrage après Schelling et Hegel, exemples tragiques de l'incompréhension.

III. Que Fichte dès 1794-95 suive l'orientation de l'écrit scientifique est prouvé par maints passages, mais surtout par celui-ci : « Notre problème consistait à rechercher si la proposition problématiquement énoncée : le Moi se pose comme déterminé par le Non-Moi était pensable et selon quelles déterminations. Nous avons effectué cette recherche en nous appuyant sur une déduction systématique de toutes les déterminations possibles de cette proposition ; nous avons enfermé dans un cercle toujours plus étroit le pensable en rejetant l'inadmissible et l'impensable, et nous nous sommes approchés pas à pas de la vérité jusqu'à ce que nous ayons trouvé la seule façon de penser ce qui doit être pensé » (8). On voit bien que Fichte commence par la dialectique et non comme le voulait Kant par le relevé cartographique de l' « île de la vérité ». Une importante précision doit être ajoutée : il y a deux séries. La première n'intéresse que le philosophe ; c'est un examen idéel, en lequel le philosophe examine les possibilités intellectuelles dialectiquement sous le régime de la contradiction, opposant systèmes et systèmes et même les possibilités systématiques. C'est la partie la plus développée du §. 4 de la *Grundlage der ges.* W-L 1794-1795. En un sens c'est l'expérience *a priori* du §. 4, 1ère Partie de la *Grundlage.* Elle s'achève, le fondement trouvé, dans la seconde série où le philosophe devient seulement un observateur de la série réelle, en laquelle la conscience deviendra pour elle-même le sujet s'auto-pénétrant dans la Relation de la *Déduction de la représentation ;* la conscience alors deviendra *en soi* et *pour soi.* Fichte précise : « La doctrine de la science doit être une histoire pragmatique de l'esprit humain. Jusqu'à présent nous n'avons travaillé que pour pouvoir accéder à celle-ci ; uniquement

8. GA. I, II, p. 362.

pour pouvoir indiquer un fait incontestable. Nous tenons ce fait ; dès maintenant notre observation qui n'est pas aveugle, mais qui s'appuie sur l'expérience, doit suivre calmement le mouvement des événements » (9). Il n'y a plus d'expérience de la pensée, mais seulement une pensée qui s'expérimente.

IV. Il faut donc partir de l'illusion, pour en la décomposant, parvenir à un résultat absolu dont la recherche permettra l'approfondissement indéfini – ce qui explique que nous possédions plusieurs versions de la W-L comme théorie fondatrice et les exposés de 1801, 1804, etc, ne sont par rapport à la théorie du fondement rien si ce n'est des analyses déterminant toujours mieux le fondement. – Mais la voie d'accès initiale à l'illusion doit en la première W-L être radicale et définitive, beaucoup plus rigide que dans les versions successives, précisément parce qu'elle est la première. Il faut aller, comme philosophe dans la série idéelle, le plus loin qu'on le pourra. Ici Fichte se rapproche de Descartes voulant douter de tout, mais s'en sépare en ce qui touche la méthode. Il a, en effet lu et recopié dans la *Critique de la raison pure* que l'usage de la logique générale comme organon est toujours une logique de l'apparence, c'est-à-dire dialectique (10). De là vient l'aspect pour le moins rébarbatif des premières pages de la W-L 1794-1795. Par là s'explique aussi la répugnance de Kant, visiblement heurté par la stratégie choisie et condamnant la W-L comme un pur exercice logique incapable de rejoindre le réel (11). Enfin s'éclaire l'accusation si souvent portée contre Fichte de verbalisme. Et comme on n'avait pas toujours distingué la série idéelle de la série réelle on ne pouvait s'y retrouver, mélangeant par exemple la dialectique

9. GA, I, II, p. 365.

10. Kant, AK. Bd. III, p. 81, Fichte, *Nachgelassenne Schriften* (Jacob. ed. Berlin, 1937), Bd. II, p. 21, et Alexis Philonenko, *La liberté humaine dans la philosophie de Fichte*, §. 42 et suiv.

11. Kant, AK. Bd. XII, p. 240.

organisée par le philosophe, dialectique dont il n'était pas plus et pas moins que Descartes, en son doute, conscient de la valeur thérapeutique et idéelle, et le développement de la *Déduction de la représentation.*

V. On a surtout accusé Fichte de verbalisme en considérant ses points de départ : A = A, et A n'est pas Non A. Ce faisant on a commis deux fautes. D'une part on a confondu philosophie et poésie. Le poète peut bien dire : « La terre est bleue comme une orange », mais son dire est expression d'un sentiment qui se situe radicalement en dehors de la science et *il le sait.* Le philosophe part des énoncés logiques les plus simples : l'affirmation et la négation. Enoncés sans lesquels aucun discours scientifique n'est concevable. Descartes lui-même en son doute présuppose ces formes logiques primaires. Il n'y a là donc point verbalisme, mais une orientation logique décisive, radicale, qui va jusqu'à la racine de la pensée. D'autre part, justement parce que l'on ne prête pas attention d'un côté au mouvement de la série idéelle (activité pure et abstraite du philosophe) et de l'autre à la fonction logique des énoncés de base, on va *réaliser* le terme des développements. On investira le Moi absolu d'une valeur ontologique et l'on se demandera (déjà avec Schelling) comment le Moi absolu dont l'essence est d'être toute réalité peut autoriser un transit vers le Non-Moi : on trouvera une difficulté insurmontable à dépasser le §. 1 de la *Grundlage.* En fait nous sommes dans la série idéelle, en laquelle le philosophe organise *librement* une dialectique et il transite par les énoncés de la logique générale avec d'autant plus d'aisance en ce sens qu'il sait que la logique générale, utilisée comme organon, ne peut jamais produire que des illusions (12).

*

* *

12. Dans l'édition C, Fichte insiste sur le fait qu'il utilise les lois de la logique générale, GA. I, II, p. 255.

Ce qui est intéressant c'est que l'illusion est en un sens plus vaste que la vérité. La vérité n'est que la vérité ; l'illusion est elle-même et son autre. Il y aura donc d'un côté des contradictions et de l'autre la certitude croissante qu'ayant débuté par les énoncés conditions logiques de toute pensée et de tout discours, on parviendra forcément à une solution irréfutable. *Le Moi absolu se pose parce qu'il est.* L'aspect dynamique du *Sichsetzen* est l'intuition intellectuelle noyée dans les brumes ontologiques d'un Sujet qui s'affirme être tout. Mais cet aspect est inconciliable avec la position d'un Non-Moi. Si le Moi est tout, le Non-Moi n'a pas de sens et pourtant il est construit aussi logiquement que le Moi absolu. Il faut se résoudre à inventer une synthèse réduisant l'opposition. La formule est aussi curieuse que mal entendue : *« Ich setze im Ich dem theilbaren Ich ein theilbares Nicht-Ich entgegen »* (J'oppose dans le Moi un moi divisible au non-moi divisible). On a toujours relevé avec raison que nous étions en présence d'une pure contradiction, principe de l'antithétique de la raison pure spéculative (13), mais on n'a pas prêté attention à la structure philosophique de la phrase qui établit le troisième principe. Le moi divisible (A) est opposé au non moi divisible (B) dans le Moi (C) par un « Je » (D). Que les termes A et B soient opposés dans le Moi (A & B in C) cela est concevable si un sujet (D) les oppose. Or ce sujet ne peut être que le philosophe et le « Ich » par lequel débute la phrase signifie le rôle actif du philosophe dans la série idéelle. Le terme C, le moi en lequel se développe l'opposition ne signifie nullement l'idéalisme, mais simplement le fait que tout réel pour être reconnu comme tel doit être posé dans la conscience et reconnu en même temps par celle-ci comme indépendant d'elle.

Ce troisième principe est indéterminé en un sens précis. On en peut déduire deux propositions. D'une part le Moi pose le Non-Moi comme limité par le Moi.

13. GA. I, II, p. 272.

D'autre part : le Moi se pose lui-même comme limité par le Non-Moi. Or si dans la série idéelle je puis, en apportant toutes les réserves possibles, déduire de ma conscience qu'effectivement elle peut se penser comme limitée par le Non-Moi, je ne puis en revanche préjuger du Non-Moi. On retiendra donc la seconde détermination du principe, celle où le Moi se pose comme déterminé par le Non-Moi. C'est l'objet du §. 4 de la première W-L.

On va donc, procédant par synthèses quintuples (14), décomposer la proposition et avec elle l'illusion inhérente au Moi absolu. La division générale s'opérera selon la disjonction du réalisme et de l'idéalisme dont les formes seront les figures catégoriales (substance, causalité, etc). Parti de l'Idée transcendantale enveloppée dans l'illusion ontologique on va déterminer dans une dialectique des systèmes les formes catégoriales. On accomplit une démarche opposée à celle de Kant qui va des catégories aux systèmes dialectiques et beaucoup plus cohérente parce que les catégories dans la série idéelle sont découvertes dans l'évidence génétique. En outre la disjonction du réalisme et de l'idéalisme fonde une *histoire de la raison pure,* chaque catégorie étant illustrée par une philosophie (par exemple Kant représente le réalisme quantitatif). L'histoire de la raison est logique et la logique de la raison est histoire en sorte que ce qui est réel devient rationnel et que ce qui est rationnel devient réel (15). Ainsi la déconstruction de l'illusion est-elle une construction de la vérité. Le terme de la série idéelle ou encore dialectique est l'élucidation de l'imagination transcendantale, principe génétique de la réalisation des catégories dans le

14. J'ai exposé toute l'architectonique des synthèses quintuples dans le §. 4 de la W-L dans mon livre sur *La liberté humaine dans la philosophie de Fichte.*

15. Hegel, *Philosophie des Rechts.* Die Vorlesung von 1819/20 in einer Nachschrift (hrsg. v. Heinrich, Frankfurt am Main, 1983, p. 51 : « Was vernünftig ist, wird wirklich, und das Wirkliche wird vernünftig. »

temps (16). Seule, en effet, de par son mouvement perpétuel, capable de maintenir les opposés en même temps et dans le temps l'imagination apparaît susceptible de conclure la série idéelle en tant que dialectique. Réfléchissant sur la relation de la substance et de l'accident qui semblent s'exclure réciproquement, Fichte définit « ce pouvoir admirable » de l'imagination comme « ce qui seul rend possible la vie et la conscience et spécialement la conscience en tant que développement d'une série temporelle » (17). Ainsi de l'illusion transcendantale sommes-nous passés grâce à l'antithétique de la réflexion jusqu'au schématisme transcendantal. En même temps nous découvrons une nouvelle figure de l'intuition intellectuelle ; elle était cachée dans l'illusion transcendantale, dans le *Sichsetzen* du Moi absolu ; elle apparaît maintenant comme la possibilité « de notre conscience, de notre vie, de notre être pour nous » et l'on peut conclure ainsi : « ... l'imagination ne trompe pas, mais elle constitue la vérité et la seule vérité possible » (18). L'imagination comme intuition intellectuelle est la seule vérité possible, mais « die einzige mögliche Wahrheit » est appelée à s'approfondir elle-même et l'on entrevoit ici une des plus fortes raisons pour lesquelles Fichte s'est refusé à indiquer un point précis où se situerait l'intuition intellectuelle. Il le dit très clairement en définissant l'imagination comme un échange du Moi en soi et avec soi (19). Jusqu'où peut aller cet échange : c'est le problème de la W-L. Pour le moment, comme il est naturel, l'imagination génératrice du temps s'oppose à la raison logique dont nous sommes partis et qui parce qu'elle est logique ignore la détermination temporelle (20). Mais nous ne faisons que clôturer la série

16. GA, I, II, p. 359, 355.
17. GA, I, II, p. 353. *La liberté humaine...*, p. 213, 284 sq.
18. GA, I, II, p. 369.
19. GA, I, II, p. 359.
20. GA. I, II, p. 360 : « (Für die blosse reine Vernunft is alles zugleich ; nur für die Einbildungskraft giebt es eine Zeit) ». Fichte ne parle pas de la *praktische Vernunft* (raison éthique).

idéelle au point de vue théorique et il n'est pas inconcevable qu'en la partie morale ou pratique, la raison ne se lie à l'imagination dans la compréhension du devoir comme *projet* et ne se « temporalise » à partir de l'avenir.

La perfection architectonique exige qu'à la série idéelle se superpose la série réelle, en laquelle d'une part le philosophe se contente d'observer le mouvement de la conscience, partant de ce simple « Faktum » (21) et en laquelle aussi la direction thématique sera inversée ; la conscience remontant du très simple fait de la sensation où se trouve toute entière incluse l'intuition intellectuelle comme imagination transcendantale (22) s'élèvera au juste point de départ de la philosophie : une conception correcte de la raison (23). Quelques remarques ne seront pas inutiles. I – Sorti de la Dialectique Fichte écrit : « La Doctrine de la Science doit être une histoire pragmatique de l'esprit humain. *Jusqu'à présent nous n'avons travaillé que pour pouvoir accéder à celle-ci ;* uniquement pour pouvoir indiquer un *fait indubitable.* Nous tenons ce fait ; dès maintenant notre compréhension qui n'est pas aveugle, mais qui s'appuie sur l'expérience doit suivre calmement le mouvement des événements » (24). Ce qui *pour nous* est vérité doit le devenir pour la conscience. Hegel n'a rien inventé dans la structure dialectique définie par le mouvement de la conscience qui doit de sa certitude s'élever à la vérité du philosophe. II – Le travail du philosophe qui livre ce fait indubitable s'achève dans la démonstration de l'imagination comme *condition de possibilité* du choc *(Anstoss)* qui éveille la conscience et partant de ce choc la conscience traversera les épreuves de l'expérience, de telle sorte que la série réelle pourra, moyennant l'inversion d'orientation n'être qu'une récapitulation des moments de la série idéelle, avec

21. GA, I, II, p. 365.
22. GA, I, V, p. 60, I, IV, p. 217, l. 11.
23. GA, I, II, p. 365, l. 25.
24. Ibid, je souligne.

cette différence énorme toutefois que les démarches synthétiques ne seront plus seulement des hypothèses de la raison spéculative, au sens kantien, mais des positions réelles et effectives (25). La série réelle réalise la série idéelle. Il faudra donc distinguer avant et après la teneur de l'acte synthétique : avant ce n'était que possibilité de pensées, maintenant il s'agira d'une ferme synthèse. III – Fichte n'a jamais écarté le réalisme en sa dialectique ; il a montré combien trompeuses en étaient les formulations. D'après ce qui vient d'être dit. on peut être assuré que le juste réalisme est concevable. On ne sait pas pourquoi Condillac tend une fleur à sa statue, ni pourquoi Hegel au début de la *Phénoménologie de l'Esprit* s'autorise « une expérience ». Mais Fichte ayant décrit la condition de possibilité de l'expérience n'est nullement embarrassé : le choc du Non-Moi sur le Moi est transcendantalement pleinement compréhensible. Il peut donc à la fois réputer fausse l'hypothèse d'une philosophie simplement réaliste (26) et séparer la Doctrine de la Science « de toute philosophie formelle vide » (27). Il n'y a pas de coup de baguette magique : conscience et réalité s'entrecroisent et dans cet entrecroisement débute la *Doctrine de la Science.* Le sage Condillac, le talentueux Hegel ont ici manqué de rigueur.

La série réelle s'intitule : *Déduction de la représentation.* Son sujet propre est le Moi effectif, comme imagination transcendantale. La structure de la réflexion du Moi effectif est toujours antithétique : il s'élève d'un degré à l'autre en composant les contradictions. Chaque moment est une réflexion sur le moment précédent ; par exemple l'intuition réfléchit sur la sensation ou encore le jugement, comme faculté judiciaire, sur l'entendement. Le philosophe observe ce procès jusqu'au moment où le sujet devient pour lui-même ce qu'il est pour le philosophe, mais en raison de l'inversion

25. GA. I. II, pp. 366-367.
26. GA, I, II, p. 363.
27. Ibid.

de la réflexion, c'est à une authentique raison théorique consciente de ses limites qu'aboutit le processus, qui se décompose en cinq moments : A sensation, B intuition, C imagination, D jugement, E raison. La situation de l'imagination est normale : elle constitue dans la synthèse quintuple de la déduction de la représentation, le foyer ou encore le centre de la démarche et ainsi elle médiatise sensation et intuition d'une part et jugement et raison d'autre part. La déduction est enfin orientée par le schéma éducatif qui finit par unir le point de vue du philosophe et celui de la simple conscience. Cette union ne peut être lue que comme progressive réalisation de l'*inter-subjectivité,* le philosophe et le moi effectif se re-connaissant enfin comme deux *réalités* dépendantes l'une de l'autre. Dès lors ce n'est plus seulement le Moi absolu qui est dépassé, mais aussi le Non-Moi, car il n'y a aucune raison de ne pas penser que l'auteur de l'*Anstoss* est précisément le philosophe, donc une conscience, qui affecte une autre conscience et Fichte, au terme de sa dialectique des systèmes, avait précisément fondé la condition de possibilité de l'expérience. C'est dire que le réalisme n'est pas nécessairement un matérialisme obtus. Est-il besoin de le souligner ? sans percevoir toutes les finesses de la déduction fichtéenne, l'idéalisme allemand et plus particulièrement Hegel ont pillé dans les structures de la construction de la W.L. Mais ce que Hegel n'a pas vu c'est que si le réalisme transcendantal (intersubjectivité) fondait une structure absolue, il n'excluait pas tout-à-fait le réalisme compris comme matérialisme, mais déterminait son niveau (le plus bas et le moins clair). Hegel résorbe dans le langage la sensation et lui ôte toute réalité. Rien de tel chez Fichte : c'est seulement le plus bas niveau.

Ainsi la série réelle parcourt, en sens inverse, la série idéelle. Dès lors s'achève l'Odyssée de la conscience théorique. Les *facultés* de l'âme ne sont pas, comme chez Kant, découvertes dans un manuel (28) et obligées de se soumettre à une juxtaposition statique. Elles apparaissent au sein d'un procès dynamique. En même temps on se voit délivré de la déplorable doctrine kantienne de la double affection de notre moi (29).

*

* *

Dès lors que la raison s'est *trouvée* comme intersubjectivité – pas de Toi, pas de Moi écrit Fichte – il faut déterminer la valeur de cette relation. Nous passons alors à la fondation du savoir pratique où la disjonction des séries idéelle et réelle ne possède plus une importance capitale. Kant avait dit que la foi devait supprimer *(aufheben)* le savoir. Il est clair qu'il ne s'agit pas au sens français de supprimer le savoir, mais de lui assigner sa place (30). Et c'est ce à quoi s'emploie Fichte, après avoir dévoilé l'illusion transcendantale, déduit dialectiquement les catégories, développé le schématisme transcendantal de l'imagination et restitué à la raison théorique son juste sens. Puisque le réel est posé, au moins dans l'intersubjectivité, la proposition : Le Moi pose le Non-Moi comme limité par le Moi, qui résultait du troisième principe, peut être examinée. Limiter le Non-Moi signifie non seulement qu'un autre soit, mais que le Moi dans sa vie se saisisse comme effort. Supposons un Moi inerte – mort, il est évident que l'objet quelle que soit sa nature s'évaporerait, mais du même coup le Moi sombrerait dans le néant ou l'inconscience (31). Le Moi sera donc *effort* infini, parce qu'on n'en a jamais fini avec

28. Cf. mon introduction à la *Critique de la faculté de juger* de Kant, Vrin, 5e ed.
29. E. Adickes, *Kantslehre von der doppelten Affektion unseres Ich als Schlüssel zu seiner Erkenntnistheorie,* Tübingen, 1929.
30. F. Alquié, *La conscience affective,* p. 228, Paris, 1979.
31. GA, I, II, p. 404.

le monde, effort infini, mais aussi fini parce que tout effort suppose une limitation qu'il doit franchir. C'est l'antithétique idéaliste-réaliste. Mais en ce point même nous découvrons la raison pratique, car la contradiction immanente à l'effort tout à la fois idéalement infini et réellement fini doit être surmontée. « Le Moi doit *(soll)* être absolument indépendant ; en revanche tout doit dépendre de lui » (32). Le Moi doit être absolument pour soi, donc *libre.* Par delà l'inter-subjectivité la liberté apparaît comme un impératif catégorique qui donne sens à l'ensemble du mouvement téléologique de la première W-L et l'on comprend mieux le propos de Fichte : *« Mon système est du début jusqu'à la fin une analyse du concept de liberté ».* Fichte exorcise à ce point l'illusion transcendantale : « Le Moi exige de comprendre toute la réalité en soi et de remplir l'infinité. Au fondement de cette exigence se trouve nécessairement l'Idée du Moi infini et absolument posé ; et tel est le Moi *absolu* dont nous parlions. (Ce n'est que maintenant que le sens de la proposition : *Le Moi se pose lui-même absolument lui-même,* devient parfaitement clair... Il s'agit d'une Idée du Moi qui doit être mise nécessairement au fondement de son exigence pratique infinie) » (32). A l'illusion transcendantale se substitue enfin le Moi comme idée pratique fondement de la juste liberté, parce que conçue par une raison fondée au terme de la dialectique et de la déduction de la représentation et assurée de sa pleine légitimité. On pourrait dire que la liberté comme liberté pratique est l'intuition intellectuelle comme chose en soi au plus profond de l'illusion transcendantale et dans l'effort infini, et fini parce qu'infini, se dévoile l'authenticité de la raison comme totalité se trouvant et se fondant. Tout est assumé et repris dans cette nécessaire auto-fondation comme visée finie de l'infini.

32. Ibid, p. 395. – La note relative à l'impératif catégorique chez Kant est très significative.
33. GA, I, II, p. 409.

Mais aussi la philosophie transcendantale peut se définir comme un réalisme-idéalisme ou comme un idéalisme-réalisme. Le concept antithétique et en même temps synthétique de l'effort l'exige. D'une part il n'y aurait pas d'effort sans une relation du Moi à autre chose que lui-même (matière, nature, esprit, autre conscience) qui le mette en mouvement : « Selon la Doctrine de la Science le fondement ultime de toute réalité pour le Moi est une relation originaire d'action réciproque entre le Moi et quelque chose d'extérieur à celui-ci » (34). Mais inversement la Doctrine de la Science ne peut jamais oublier qu'en son rapport à cet autre, toute conscience est un effort d'appréhension qui « se dirige d'après ses propres lois » (35). Le choc *(Anstoss)* ne sera jamais pour le Moi que par le Moi : « Que l'esprit fini doive poser quelque chose d'absolu en dehors de lui-même (une chose en soi) et cependant reconnaître par ailleurs que cet être n'est que *pour lui* (qu'il est un noumène nécessaire), – tel est le cercle que l'esprit fini peut élargir jusqu'à l'infini, mais dont il ne peut s'affranchir. Un système qui ne prête pas attention à ce cercle est un idéalisme dogmatique ; c'est, en effet, uniquement ce cercle... qui fait de nous des êtres limités et finis ; un système qui s'imagine s'être affranchi de ce cercle est un dogmatisme réaliste et transcendant. – La doctrine de la Science se situe précisément entre ces deux systèmes : c'est un idéalisme critique, qu'il serait aussi possible de nommer un idéalisme-réaliste ou un réalisme-idéaliste. » (36). Qu'en est-il dès lors de la chose en soi ? Ce n'est point seulement la source pour ainsi dire matérielle de la sensation, c'est aussi Autrui, et encore Dieu comme objet-sujet dans l'idéalisme critique soutenu par l'intuition intellectuelle. Le pouvoir de la liberté consistera à gravir ces marches et à assigner à la croyance sa vraie place, en bannissant la fausse métaphysique qui ne connaît qu'une indémontrée transcendance de l'Etre – par

34. GA, I, II, p. 411. 35. GA, I, II, p. 412. 36. Ibid.

où l'on rejoint le plus confus réalisme – ou la transcendance inexpliquée de la conscience – qui conduit à un idéalisme totalitaire et dogmatique.

Il convient d'ajouter deux remarques. En premier lieu le Soi est défini par Fichte comme effort infini *(unendliches Streben)*. La liberté est l'invitation permanente à l'existence et à ce titre la liberté est un devoir qui comprend en lui-même sa propre récompense : elle est *pretium sui* et Fichte doit ici se séparer de Kant qui conçoit deux moments dans le Souverain bien : le devoir et sa récompense (37). Il n'y a pas selon Fichte de récompense susceptible de s'ajouter à la réalisation du devoir qui trouve en lui-même son bénéfice en développant la liberté qui ne se dissocie point de lui, puisque mon essence est l'effort infini comme liberté et devoir. De là vient la célèbre formule de Fichte : « Etre libre ce n'est rien, devenir libre c'est le Ciel ». Etre comme peut être la Substance spinoziste n'est rien ; en revanche l'effort infini fonde une philosophie de l'espérance *définitive.* Aussi le mal *radical* – radical, mais non définitif parce que l'on peut toujours arracher les racines (38) n'est rien d'autre que l'être refusant le devenir, c'est-à-dire la *paresse* (39). Mais en second lieu la liberté ne se dissocie pas de l'imagination. Spinoza disait que si l'imagination était libre, ce serait une vertu. Or pour Fichte sans l'imagination la liberté n'est rien. L'imagination est un flottement *(Schweben)* qui exprime exactement l'antithétique de l'effort infini, car elle est ce mouvement qui assemble et dissocie les opposés (40). Mais plus encore ! Fichte va si loin en 1794-95 qu'il fait de l'imagination créatrice le principe de compréhension de la doctrine de la Science (41). De là dérive la première application

37. GA, I, III, pp. 31-32.
38. Kant, *La religion dans les limites de la simple raison,* cf. l'introduction de M. Naar (Vrin, 1983) p. 20, 23 et suiv.
39. GA, I, III, p. 63, p. 67.
40. GA, I, II, p. 350 sq, p. 359, 414 sq.
41. GA, I, II, p. 415.

de la W-L : dans la pédagogie l'entendement ne doit pas être sacrifié à l'imagination et inversement ni tous les deux à la mémoire, dimension de la mort et de l'esprit.

Fichte s'appuyant précisément sur cette première application déclare que la W-L, par sa nature s'expose à être mal comprise. Elle ne peut l'être bien que par un être libre tourné par son projet vers l'effectuation de la liberté – chose rare ! Et ensuite il affirme que si la première exposition de la W-L est très imparfaite, « elle sera cependant en ses structures fondamentales irréfutable pour tout homme en tout temps » (42).

42. GA, I, II, p. 416.

CHAPITRE II

THEORIE DU DROIT ET DE LA MORALE

La première W-L était complétée par l'examen de la « nature » du Moi se sachant limité et par le *Précis de ce qui appartient en propre à la W-L* où Fichte développait *génétiquement* le temps et l'espace dont Kant n'avait exposé la nature que par intuition et description *factice*. Au terme de cet écrit il invitait le lecteur à lire Kant (1). Cela signifiait à l'évidence que Fichte comme on peut le pressentir dans la division de la W-L de 1798 *nova methodo* n'entendait pas reprendre tous les moments du kantisme et s'il a vu la signification de la grandeur intensive (2) il a toutefois estimé que sa théorie était achevée chez Kant. La vocation de la philosophie ne consiste pas à remonter une nouvelle fois éperdument le rocher de Sisyphe, mais à poursuivre la révolution copernicienne, amorcée selon Fichte par Leibniz (3). On trouvera donc bien chez Fichte une doctrine des actes catégoriaux fondamentaux en ce qui touche la nature, mais non une épistémologie, au sens kantien, et encore moins une *philosophia naturalis* au sens de Newton (4). En revanche il va beaucoup innover dans la théorie du droit et de la morale.

1. GA, I, III, p. 213, I, IV, p. 265. *GA, I, III, p. 208.*
2. GA, I, II, p. 327-329.
3. L'influence leibnizienne est très forte chez Fichte, cf. ici note 1.
4. Reinhard Lauth s'efforce avec succès de découvrir une philosophie de la nature chez Fichte, mais au-delà des schèmes catégoriaux la démonstration n'est plus réalisable.

Et d'abord en séparant doit et morale. Chez Kant encore droit et morale sont unis au sein de la *Métaphysique des mœurs* (5) et la *doctrine de la vertu* n'a point d'autres principes que ceux qui gouvernent la *doctrine du droit.* De là résultent maintes apories (6). Par exemple on ne voit pas très bien si ce que Kant nomme un suicide partiel (vendre sa chevelure) relève uniquement de la doctrine de la vertu et tout de même de la doctrine du droit, puisqu'il s'agit d'une forme de l'aliénation. – L'apport considérable de Fichte va consister à montrer que pour jouir de mes droits, je n'ai nul besoin de fournir un témoignage de ma moralité intérieure. Certes si je me suis mis *ex lege* (ce qui peut bien provenir de mon sentiment moral dévoyé) je n'ai plus le droit de participer à l'administration de la Cité, mais cela n'est pas *d'abord* une question morale. Structurellement les orientations sont *phénoménologiquement* toutes différentes. Qu'il y ait une interaction entre le droit et la morale, nul ne le contestera et pas même Kant avouant en 1795 que le problème de l'édification de l'Etat est soluble, même si l'on a affaire à des démons, pourvu que ceux-ci possèdent quelque intelligence (7). C'est que l'Etat comme tel doit conduire par la culture et la civilisation à l'ordre moral des choses (8). Mais la totalité juridique constituant l'Etat existe en soi et pour soi.

I. Dès lors que nous abordons la théorie du droit nous pénétrons dans le domaine d'application de la Doctrine de la Science. Le titre est en lui-même révélateur : Grundlage des Naturrechts *nach den Prinzipien der Wissenschafslehre* (« Fondation du droit naturel d'après

5. Voir mes introductions à la traduction de la *Rechtslehre* et de la *Tugendlehre.*

6. Hans-Georg Deggau a très justement intitulé son beau livre sur la philosophie juridique de Kant : *Die Aporien der Rechtslehre Kants,* Suttgart, 1983.

7. Kant, AK, Bd. VIII, p. 366. GA. I, III, p. 388.

8. GA, I, III, p. 387 sq.

les principes de la Doctrine de la science ») (9). Des malentendus se sont immédiatement produits. Des fichtéens aussi réputés que Nico Wallner ont voulu voir entre les *Contributions* de 1793 orientées vers l'anarchie et le Droit naturel de 1796 admettant le droit de contrainte de la force publique, plus qu'une évolution : une contradiction (10), tout en reconnaissant que le problème était sensiblement différent. En 1793 Fichte lutte contre le monde féodal (11), en 1796 ce monde est abattu, au moins en France, la plus grande nation d'Europe d'alors, et Fichte cherche dès lors à confier à l'Etat légitime les droits fondamentaux qui par la contrainte générale *(Zwang)* protègent non plus le servage ou l'esclavage, mais en fait la liberté. On a souvent souligné que Fichte avait élaboré sa conception de l'Etat en le modelant sur la structure politique française que domine Robespierre et c'est ce que souligne P. Ph. Druet avec beaucoup de force (12). Mais soutenir la liberté contre les tyrans et éviter ses égarements dans un Etat logiquement constitué, c'est en fait une seule et même chose. Le *Droit naturel* est d'après les principes de la Doctrine de la Science le complément logique et historique des *Contributions*. La composition de *l'Etat commercial fermé* sera la prolongement logique de cette conception juridique et politique. La cohérence est totale et c'est seulement sur des points de détails que Fichte variera en 1812. C'est qu'il est, en effet, toujours difficile d'apprécier le degré de liberté qui peut être accordé à des « démons » (13).

9. Voici pourquoi j'ai traduit *Grundlage der ges. Wis.* par *Principes de la Doctrine de la Science,* cf. J.G. Fichte, *Oeuvres choisies de philosophie première.*

10. Nico Wallner, *Fichte als politischer Denker,* Halle, 1926, 97. Cf. aussi E. Lask, *Gesammelte Schriften,* Bd. I, p. 266 et suiv.

11. A. Philonenko, *Théorie et praxis*... IIe Partie, Introduction.

12. P. Ph. Druet, *Fichte,* Paris, 1977, p. 77 et suiv.

13. On verra que dans ses textes consacrés à Machiavel, Fichte prend une distance très mesurée avec la Révolution française, SW, Bd. XI, p. 428 (= Nachgel. Werke, Bd. III).

II. Il s'agit, non de *créer*, mais de *fonder* le droit naturel. Comme l'avait vu Kant le droit naturel, conçu essentiellement comme droit privé (par exemple le droit conjugal) devait se réaliser dans le droit public appelé à le protéger (14). Condition idéelle du droit public, le droit naturel trouve dans le droit public sa condition de possibilité et de réalisation concrète. Il serait même plus juste de dire que du droit naturel au droit public joue le principe éducatif (15), si bien que l'éducation nationale sera une forme déterminante de la formation de l'homme. Mais pour régler ce *devenir*, il faut des institutions. Fichte n'a jamais cru à la séparation des pouvoirs, qui chez Kant était en fait une clause de style. En revanche il a cru à une sorte de contre-pouvoir, dépourvu de tout droit exécutif, mais proche d'un Conseil constitutionnel : l'Ephorat, « idée totalement creuse » selon Hegel (16). On peut dégager dans cette perspective une confiance en la raison fort exagérée : où a-t-on vu qu'un Conseil constitutionnel, dépourvu de toute puissance exécutive, puisse infléchir les décisions de l'Etat (17) ? Hegel a accentué la contradiction en nous montrant deux forces s'équilibrant et débouchant sur un zéro d'action. Fichte a été pleinement conscient de la difficulté. Il l'a exposée dans une lettre à Reinhold où il déclare que *dans* la constitution, telle qu'il l'a développée, l'Ephorat ne pose aucun problème (18) – manière de dire que cette institution de réflexion n'a pas un bon sens dans n'importe quel horizon. Il faut d'abord, en suivant Rousseau (19)

14. Cf. mon *Introduction à la doctrine du droit* de Kant.
15. N. Wallner, op. cit., p. 208.
16. Rosenzweig, *Hegel und der Staat*, I, 144.
17. D'où la lettre de J.K.J. Dresler (26 nov. 1799) in GA. III, IV, p. 162.
18. « Si l'on conçoit l'Ephorat seulement dans la constitution que j'ai décrite et toute entière... je ne vois aucune difficulté ». GA. III, III, p. 72.
19. Les références de Fichte à Rousseau sont nombreuses, mais ce qui les sépare est que Fichte regarde vers l'avenir et Rousseau vers le passé, GA, I, III, p. 65. *La liberté humaine*..., etc, passim.

que le peuple soit Souverain et ne délègue que judicieusement sa puissance. A l'intérieur de la monarchie hégélienne un Ephorat est sans consistance (20). Cela dit il reste vrai de dire avec Fichte « que la confiance a été perdue » et que seul un long travail politique permettra la disparition de l'Etat qui n'a point d'autre fin, pour pénétrer dans le royaume de la moralité. L'Etat évoluera parce que ce n'est point une Idée, mais un concept déterminable. L'Idée est la loi morale.

III. Qu'en est-il de l'homme appelé à la vie sociale et politique ? Dans la résolution de cette question Fichte semble avoir transité de la phénoménologie au sens de Lambert (21) à la phénoménologie telle que nous l'entendons – c'est-à-dire comme description. On lui a vivement reproché d'avoir opéré une construction *a priori.* Il faut humblement reconnaître que les contemporains n'ont pas compris la déduction *a priori* : comment pouvait-on dégager *a priori,* l'air et la lumière, *a priori,* comme condition de possibilité de la rencontre humaine comprise comme reconnaissance *(Anerkennung)* ? Nous possédons dans le texte de Fichte intitulé *Annalen des philosophisches Tons* une réplique furieuse du philosophe : « En quoi me suis-je trompé ? Je croyais entrer dans la république des savants. Mais c'est dans une maison de fous que j'ai mis les pieds » (22). En gros l'argument opposé par Fichte à ses contradicteurs (et avant tout autre, G.E.L. Schulze) consistait à soutenir qu'il n'y avait que deux compréhensions de l'expérience, l'une *a posteriori,* l'autre *a priori* qui

20. Hegel, SW (Glockner) Bd. I, p. 103. Rosenzweig, op. cit., II, 153, III, 163. Remarquons qu'avec son idée creuse Fichte ne tombe pas dans le contre-sens de la philosophie politique de Hegel soumettant l'Esprit (Geist) à la nature (par l'idée héréditaire) cf. *Enzyklopädie der philosophischen Wissenschaften* (ed. Pöggeler) §. 542. Anm.

21. La note de E. Martineau, *La provenance des espèces* (Paris, 1982) p. 17 n'est pas entièrement justifiée, parce qu'il ne tient pas compte de Lambert.

22. GA. I. IV, p. 305.

loin de s'exclure se complétaient (23). A vrai dire la colère de Fichte ne plaidait pas en faveur de sa déduction. Il leur adressait les pires reproches et le seul philosophiquement fondé était qu'ils s'attachaient à l'être sans prendre en considération le savoir (24) – or l'homme est savoir (25). Or dans le fait deux choses étaient à considérer. D'une part c'était la première fois que Fichte était si violemment pris à partie. Les obscurités tragiques de la *Grundlage der ges. W-L* avaient rebuté la critique et Schelling, en sa jeune gloire, protégeait malgré lui – car il disait tout autre chose que Fichte (26) – le premier mouvement de la W-L. On peut ajouter que les commentateurs de Fichte n'ont jamais été très soucieux de justifier cette déduction *a priori* de l'air et de la lumière. Mais la seconde chose beaucoup plus importante était l'expansion de la méthode transcendantale à la justification de la δόξα et l'émancipation de la réflexion critique désormais dégagée des liens en lesquels Kant la maintenait à l'intérieur de l'épistémologie stricte. Le néo-kantisme devait, on s'en doute, violemment réagir contre cette expansion. Mais la vérité oblige le commentateur honnête à dire que très maladroitement, il est vrai, Fichte dévoilait des *a priori* existentiels auxquels la phénoménologie husserlienne tardive et la phénoménologie française nous ont accoutumés (Merleau-Ponty, M. Dufrenne). On voit bien ce qui manque, en partie, à Fichte : c'est la possession complète de la technique de la variation eidétique. En revanche il est peut-être le premier qui tente de penser l'expérience en totalité comme rationnelle, au sens de *significative*. Cela ne veut pas dire que cette réhabilitation de la δόξα, évidemment

23. GA. I, IV, p. 306 et p. 206 *(Versuch einer neuen Darstellung der W-L)*.
24. GA. I, IV, p. 309.
25. GA. I. IV, p. 309. « ... sein Seyn ist ein Wissen ».
26. J'ai exposé dans *La liberté humaine...*, les incompréhensions de Schelling dans son écrit *Vom Ich*. (SW Schröter, Bd. I, p. 126, p. 111 (contre-sens sur la définition du second principe). Le texte de Schelling est de 1795.

très anti-platonicienne, interdisait tout développement ultérieur, visant des couches très spirituelles de l'existence. Mais à la fin on reconnaissait à la réflexion le pouvoir de réfléchir de part en part *a priori* sur les structures doxologiques et d'une certaine manière il fallait trouver là le prolongement naturel de la *Déduction de la représentation* de la *Grundlage der ges. W-L*. Une déduction de la représentation n'est pas seulement une justification de la validité des catégories repérées dans la constitution des sciences (27) ; c'est une justification de l'expérience humaine en totalité et l'intuition intellectuelle n'est pas forcément un éclair transcendant, mais tout simplement l'acte par lequel j'étends la main ou remue le pied (28). Qu'on puisse en dégager des structures complexes et très abstraites, nul n'en doute, mais *l'a priori* n'est jamais transcendant. Le mérite de Fichte était immense : il entendait battre l'empirisme sur son terrain, montrer comment expérience, au sens de vie significative, et raison n'étaient point étrangères. Considérant les critiques qu'on lui adresse il conclut ainsi sa violente polémique : « Voici brièvement l'histoire littéraire de notre temps. Mais ce temps passera et la cause de la raison triomphera, comme elle a toujours triomphé » (29). Mais enfin Fichte sait bien, écrivant ces lignes, que son crédit dans le siècle s'épuise. Comme les choses vont vite !

IV. La description de l'homme comme sujet du droit appartient aux plus brillantes pages de Fichte. Il énonce des théorèmes fondamentaux. On se souvient que la *Grundlage der ges. W-L* établissait la nécessité transcendantale de la chose en soi comme premier moteur (30) et nous avions indiqué que le choc initial

27. Cf. H. Cohen, *Kants Begründung der Erfahrung* (3e ed. Berlin 1918) p. 318 et suiv. H.J. De Vleeschauwer, *La déduction transcendantale dans l'œuvre de Kant* (Paris, 1934) T. I, p. 210 et suiv.

28. GA. I, IV, p. 217.

29. GA. I, IV, p. 321.

30. GA, I, II, p. 411 : « ... ohne ein solches erstes bewegendes ausser ihm... »

sur la conscience pouvait être dû à la sensation, à autrui, à Dieu. Autrui est dans le *Naturrecht* le principe moteur : « L'homme (comme tout être fini en général) ne devient un homme que parmi les hommes » (31). Sans la tendresse et la rigueur d'autrui je ne deviendrai jamais un homme : pédagogie et philosophie transcendantale s'unissent ici. La philosophie transcendantale fonde la relation d'inter-subjectivité déjà visée en 1794-95. La pédagogie lui confère son sens pratique et moral. Fichte n'écrit pas, en effet, que l'homme n'est un homme que parmi les hommes, mais qu'il *devient* homme parmi les hommes. Il insiste : « Tous les individus doivent être éduqués vers la condition d'homme, sinon ce ne seront pas des hommes » (32).

La nécessité de la description se faisait sentir dès la rédaction du *Naturrecht.* Nous possédons à ce sujet un important document, la lettre adressée par Fichte à Reinhold le 29 août 1795. Supposons une maxime = A ; la question qui se pose est la suivante : « ... est-ce une loi nécessaire pour tous les êtres raisonnables = B ? ». Accordons-le. Que signifient toutefois les mots « êtres raisonnables » ? Jusqu'où faut-il étendre le champ d'application de cette maxime ? « Jusqu'où dois-je m'interroger, où dois-je cesser de m'interroger, quelle est la limite ? Kant aurait répondu... jusqu'à la limite de l'être raisonnable. Je réplique : j'ai parfaitement compris cela ; mais où se trouve la limite des êtres raisonnables ? En effet les objets de mes actions ne sont jamais que des phénomènes dans le monde sensible ; quels seront parmi les phénomènes ceux auxquels j'appliquerai le concept d'être raisonnable et ceux auxquels je ne l'appliquerai pas ? Tu le sais toi-même fort bien ! devrait répondre Kant. Mais si cette réponse est très juste, elle est toutefois rien moins que

31. GA, I, III, p. 347.

32. Ibid. Allusion aux enfants sauvages qui ont si fort occupé les théoriciens du droit naturel. Cf. A. Philonenko, *Rousseau et la pensée du malheur,* vol. 1. VII, p. 162.

philosophique. Je monte sur un cheval, sans lui en demander la permission et sans vouloir à mon tour lui servir de monture : mais pourquoi ai-je plus de scrupules envers le loueur de chevaux ? Que le pauvre animal ne puisse se défendre ne fait rien à l'affaire. Aussi bien est-ce toujours une question très sérieuse que celle de savoir si, appuyé sur l'opinion générale, je ne monte pas ou chevauche sur un cheval aussi injustement *(mit eben dem Unrechte)* que le seigneur russe qui, lui aussi appuyé sur l'opinion générale, chasse, vend et par plaisanterie donne le knout à ses serfs » (33). Si je veux posséder un fil conducteur dans l'application du droit, il faut non seulement qu'autrui existe, mais encore que je le reconnaisse avec la dernière évidence. Le droit n'est rien d'autre que l'usage moral de l'homme. Il suppose, par exemple, *a priori,* la lumière, car d'une manière ou d'une autre, l'autre homme doit être visible pour moi comme je le suis pour lui (34). Fichte entame alors une description de l'homme en reprenant les moments les plus clairs. D'abord l'homme n'est pas un être matériel ; c'est un être organisé, une totalité dynamique de finalité externe-interne (35) : « L'homme accomplit le cycle de l'organisation par la perpétuation de son espèce. Il est une plante parfaite ; mais il est encore plus » (36). Ensuite l'homme est une totalité articulée comme l'animal – ce qui lui confère une certaine autonomie, puisqu'on ne peut pas – à l'inverse de ce qui se passe au niveau de l'organisation – pratiquer indéfiniment la greffe – transplanter ma main, par exemple, comme système articulé sur le bras d'un autre homme. A quoi il convient d'ajouter que comme l'animal, totalité articulée, l'homme se distingue par le libre mouvement (37). Mais si l'homme est une plante parfaite, comparé à l'animal il est simplement ébauché par la nature. « Tout animal est ce qu'il

33. GA. III, II, p. 386. 34. GA, I, III, p. 377.
35. A. Philonenko, *Etudes kantiennes,* p. 118-134.
36. GA, I, III, p. 379. 37. GA, I, III, p. 379.

est : seul l'homme originairement n'est rien » (38). Fichte suit jusqu'à un certain point la description de Pline (39), mais sans reprocher, comme ce dernier, à la Nature d'avoir confié l'homme à l'homme. « Par là même est prouvé que l'homme n'est pas le nourrisson de la Nature, ni ne doit l'être. Si / l'homme / est un animal, c'est un animal extrêmement imparfait et par conséquent ce n'est pas un animal. » (40). Dans sa description Fichte accorde une grande importance au *regard.* L'œil en sa spiritualité est ce qui caractérise le mieux l'homme. Il ne s'agit pas seulement d'insister sur sa mobilité accentuée par la station droite, mobilité qui en soi n'est que mécanique. « Je voudrais qu'on prête attention à ce que l'œil en lui-même chez l'homme n'est pas simplement un miroir passif et mort comme la surface d'une eau calme... ou comme l'œil de l'animal. » (41). L'œil est un projet, qui aperçoit dans le marbre la statue, l'œil dont les parties, l'iris, la pupille, ont en elles à l'infini la vie et le mouvement *(Leben und Weben),* de telle sorte que ce qui est terrestre dans l'œil disparaît, tandis qu'il s'ouvre à la lumière et devient une « âme visible » (42). Aussi d'autant plus l'homme est-il actif et indépendant, d'autant plus spirituel est son œil et son regard. L'œil est le néant de l'être et l'affirmation de la liberté. C'est cette liaison du néant et de la liberté à l'intérieur du projet qui permet de re-connaître autrui comme être libre, sujet du droit, et de limiter ma liberté pour faire place à la sienne autant qu'il est possible. Telle est la réponse au problème posé dans la lettre à Reinhold. Le regard est de la dernière évidence signe de la liberté (43). Il est clair qu'ici nous allons d'une phénoménologie au sens de Lambert à une phénoménologie dévoilant des *a priori* existentiels. Fichte a moins insisté sur

38. Ibid. 39. *Naturalis historia,* lib. VII.
40. GA, I, III, p. 381. 41. GA, I, III, p. 382.
41. GA, I, III, p. 382. 42. GA, I, III, p. 383.
43. On pense ici inévitablement à la philosophie de Sartre.

la parole – encore qu'il fasse de la bouche l'interprète des mouvements du cœur – et il ne faut pas lui en tenir rigueur : son analyse est exacte et possède le mérite de ne pas nous plonger dans les fureurs métaphysiques de la linguistique balbutiante avant Humboldt (44).

Tentons d'apprécier justement le sens de cette réponse. L'individualité, sujet du droit, n'est pas un concept simple en ce sens que pour se dévoiler à elle-même elle a besoin d'une autre individualité : l'individualité est un « concept réciproque » (45). On ne peut pas prendre des individualités en soi et pour soi achevées pour tenter de les relier, comme le voulait la métaphysique dogmatique à propos du sujet et de l'objet (46) : c'est dans le rapport vivant de l'*Anerkennung* (reconnaissance) que l'individualité émerge de part et d'autre (47). Loin que l'individualité soit le fondement de l'intersubjectivité, c'est bien plutôt l'intersubjectivité qui se décompose en autant de moments qui sont les individus. C'est en ce sens qu'il convient d'entendre l'image que Fichte propose de l'Etat : « L'image la plus exacte pour expliquer cette Idée est celle d'un produit de la nature organisée, idée dont on s'est souvent servi dans ces derniers temps pour définir les différentes branches de la puissance publique dans son unité, mais pas encore pour autant que je le sache, pour expliquer tout l'ensemble des rapports civiques. Dans un produit de la nature, chaque partie n'est ce qu'elle est que dans sa liaison avec le tout et ne serait absolument pas ce qu'elle est hors de cette liaison, bien plus, hors de toute liaison organique, elle ne serait absolument rien, puisque sans cette réciprocité d'action entre des forces organiques se faisant mutuellement

44. Cf. E. Cassirer, *Die Philosophie der symbolischen Formen* (1954, Oxford, 2. Auflage) Bd. I, p. 99 et suiv.
45. GA, I, III, 354.
46. Heidegger, *Sein und Zeit*, p. 202 et suiv.
47. M. Scheler, *Gesammelte Werke* (Bd. VII, 1973) p. 240.

équilibre, aucune forme ne subsisterait et que régnerait un perpétuel conflit entre l'être et le non-être, un conflit que nous ne pourrions penser, de même l'homme ne reçoit de position déterminée dans la série des choses, de fixité dans la nature que par l'association civile... Entre l'homme isolé et le citoyen il y a le même rapport qu'entre la matière brute et la matière organisée... Dans le corps organisé chaque partie entretient sans cesse le tout et en le conservant se conserve soi-même. De même le citoyen vis-à-vis de l'Etat. » (48). Est-ce à dire que Fichte renonce à l'idée exposée dans les *Leçons sur la Destination du Savant* et que le vrai but de l'Etat est de se supprimer lui-même (49) ? Ne nous pressons pas de l'affirmer. La seconde partie du *Naturrecht* traitant de l'Etat relève du droit naturel appliqué. L'Etat est une application qui réalise le droit naturel, mais dont la tâche est idéellement limitée. C'est encore un moyen en vue de l'éthique et c'est sans doute une des raisons pour lesquelles – attaquant Kant (50) – Fichte se refuse « avec le noble Beccaria » à légitimer la peine de mort (51). Application l'Etat ne doit pas devenir une fin absolue, disposant de la vie et de la mort. L'Etat possède des limites et la peine de mort en est une. Personne ne peut avoir dans les contrats civiques engagé sa propre vie, condition formelle des contrats (52). L'Etat peut seulement dénoncer les contrats, exiler le meurtrier, sans pouvoir par aucun droit disposer de son droit en tant qu'être humain. Certes le meurtrier devient par là pure individualité en soi et pour soi, exilé, mais le pouvoir de l'Etat ne saurait aller au-delà (53), ou alors il se suiciderait. Deux remarques

48. GA, I, IV, p. 19. Cf. Vaughan, *Studies in the History of Political Philosophy, before and after Rousseau* (Manchester, 1939) vol. II, p. 118.

49. GA, I, III, p. 37. 50. GA, I, IV, p. 76.

51. GA, I, IV, p. 77, Beccaria, *Dei delitti e delle pene,* Livourne, 1754, §. XVI, p. 61-62, et dans l'édition de Faustin Hélie (Paris, 1980), p. 93-103.

52. Beccaria : « Chi è mai colui, che abbia voluto lasciare ad altri uomini l'arbitrio di ucciderlo ? ». Op. cit, loc. cit.

53. GA, I, IV, p. 77. Comparer avec Kant, AK. Bd. VI, pp. 334-335.

peuvent aussi bien être présentées : d'une part Vaughan a exagéré la portée du texte en lequel Fichte décrit l'Etat comme pure organisation ; il y a des ruptures brutales, des solutions de continuité, d'autre part E. Lask dans son livre mémorable a trop accentué l'irrationnalité de l'individualité par rapport au concept (54) ; seul le criminel, repoussé des liens organiques et primaires de l'inter-subjectivité, est pure individualité et le problème de l'irrationnalité est bien plutôt celui du *mal*, et non pas une question de logique.

V. De l'inter-subjectivité comme *Anerkennung* dérive non seulement l'applicabilité du droit en général, mais aussi la déduction du droit originaire *(Urrecht)* : le principe juridique consiste en ce que chacun limite le domaine de ses actions libres par le concept de la liberté de l'autre (55). Ceci suppose que le mouvement des individualités soit d'abord l'expression d'une causalité libre dans le monde sensible et ensuite la réciprocité entre le droit d'être libre cause et le concept d'une volonté absolue. Il s'ensuit la nécessité (limitée) de l'Etat, qui seul peut organiser le libre jeu des libertés par une loi contraignante *(Zwangsrecht)*. Fichte comme tant d'autres se réclamera ici de la *volonté générale* de Rousseau, mais sans le suivre vraiment puisqu'il admet que la volonté générale peut être déléguée à des instances, comme l'Ephorat, le Gouvernement. Il rêve à une constitution (« il va de soi légale et rationnelle » (56)), immuable et valable en tous temps. Il ne dit rien d'autre vraiment que Talleyrand : *« Il faut par des institutions nous accoutumer peu à peu à la liberté, sans quoi nous courrons aux excès »* (57). Revenant, selon Gierke (58), à la théorie allemande du droit il développait un triple contrat : le contrat de propriété,

54. E. Lask, *Gesammelte Schriften,* Bd. I, pp. 166-167, 168 et suiv.

55. GA, I, III, p. 404. 56. Ibid, p. 458.

57. Talleyrand, *Mémoires* (ed. de Paris, 1982), p. 667.

58. Gierke, O – *Johannes Althusius und die Entwicklung der naturlichen Staatstheorien,* Untersuchungen zur Deutschen Staats und Rechtsgeschichte, Bd. VII, Breslau, 1880.

le contrat de protection, le contrat ou pacte d'association. Contrats qui s'emboîtaient pour ainsi dire les uns dans les autres. C'est parce que je suis propriétaire que je veux être protégé et c'est parce que je veux être protégé que je m'engage dans le pacte d'association. La véritable originalité de Fichte consistait dans sa conception nouvelle de la propriété. Au niveau des *Contributions* il concevait encore la propriété comme une chose et rencontrait les pires difficultés dans certains problèmes : par exemple si un champ est déjà dans la propriété d'autrui, de quoi puis-je être propriétaire, moi naissant dans un monde où tout est déjà occupé ? (59). De même il ne pouvait résoudre le problème de la *res nullius,* par exemple cette perle sur la plage que se disputent Caius et Titus – problème classique dans le droit romain (60). Alors on pouvait prétendre que la Nature en chassant dans la mort les propriétaires réservait une place aux nouveaux arrivants dans le monde (61) et *croire* que l'Etat pouvait garantir cette régulation. En 1796 le problème est entièrement transformé parce qu'il conçoit la propriété non plus comme une *chose,* mais comme une *activité* (un travail qui donne *le droit à la vie*) que l'Etat comme totalité organique définit. Dans la perspective de 1793 on ne voit jamais clairement comment l'Etat, qui en fait n'a rien, pourrait garantir la propriété d'une chose que les hommes se disputent. Mais à partir de 1796 on le voit nettement : l'Etat dispose d'un ensemble de métiers, nécessaires à sa survie, et qu'il distribue comme autant de propriétés aux individus engagés dans le pacte social. On voit là l'origine du petit livre célèbre : *L'Etat commercial fermé* précisément fondé sur la propriété comme activité (62) et justement considéré comme un signe avant-coureur

59. A. Philonenko, *Théorie et praxis,* §. 78.

60. *Corpus iuris civilis,* Mommsen, vol. I, *Iustiniani Digesta Lib.* I, VIII, 3 et les difficultés d'Achenwall, *Ius Naturae,* Lib. VI, sec. III, Tit. I, §. 229-31 (1767).

61. GA. I, I, p. 245.

62. A. Philonenko, *Autour de Fichte et de Jaurès,* in *Erneuerung der Transzendentalphilosophie,* R. Lauth zum 60. Geburstag, Stuttgart, 1979, p. 274 sq.

du socialisme dans la mesure où il passe d'une conception substantialiste de la richesse à une théorie fonctionnaliste (63). Fichte complétait ses dispositions en récusant la valeur absolue du testament (64). En fait il reprenait une idée émise par le juriste Th. Schmalz dans son *Précis du droit naturel* (1792) qui soutenait qu'en toute logique seule l'humanité était l'héritière de tous les hommes et non point un homme déterminé d'un autre homme à l'exclusion de tous les autres (65). C'était là un moyen de redistribuer la propriété produite par le travail. Les déductions suivantes de Fichte sur le droit privé, le droit des gens ont, peut-être à tort, suscité moins d'intérêt chez les lecteurs. Au demeurant Fichte ne s'est pas abusé ; il déclare, par exemple, être parvenu par des voies différentes aux mêmes résultats que Kant dans son écrit *Vers la paix perpétuelle.* Mais sa grande découverte reste la nouvelle conception fonctionnaliste de la propriété, et que le pacte d'association en se réalisant devienne un contrat de soumission à l'Etat n'est pas une idée neuve.

Il convient enfin de souligner l'ambiguité du *Naturrecht :* dérivant directement de la fondation de l'intersubjectivité dans la *Grundlage der ges. W-L,* on peut le réputer à la fois théorique et pratique, comme il convient à sa fonction déterminée par la conclusion de la W-L *nova methodo* 1798. La théorie de la morale devait poser des problèmes plus difficiles.

*

* *

C'est avec le *Système de l'Ethique* que Fichte, se refusant à reconstruire ce qui avait été sagement édifié

63. N. Wallner a bien dégagé la dialectique du travail orienté et de la liberté dans l'Etat à tendance socialiste, op. cit., pp. 225-26.
64. GA, I, IV, p. 58.
65. Schmalz, *Das reine Naturrecht,* Abs. VIII, §. 75. Cf. M. Weber, *Fichte's Sozialismus und sein Verhältnis zur Marx'schen Doktrin,* Tübingen, 1900.

par Kant – la théorie des sciences (66) –, va achever son système. Dans les §§. 6-11 de la IIIe partie de la *Grundlage der ges. W-L,* il avait brièvement exposé, après la théorie générale de la philosophie, les principes de *ma nature,* comme *Trieb* (tendance). La théorie de ma nature constitue le socle sur lequel va être édifié le système de l'éthique et l'achèvement du système général sera atteint. Mais les difficultés sont considérables, car il convient de retrouver le §. 1 de la *Grundlage der ges. W-L,* en dévoilant l'Idée transcendantale de Dieu et de dépasser sa représentation enfantine (67). A l'illusion transcendantale doit se substituer l'Idée transcendantale, inscrite en ma nature. Une mauvaise lecture de la *Grundlage der ges. W-L* pourrait rendre l'entreprise incompréhensible : Fichte déclare qu'il n'est point d'autre vie dans le temps qui soit pour nous concevable *(denkbar)* (68). Dès lors que peut signifier, par exemple, l'éternité immanente à l'Idée de Dieu conçu comme existant (69) ? On présentera deux observations. D'une part Fichte ne voulait pas, comme Kant, se lier à une terminologie trop rigide et contraignante (70) et la disjonction du connaître et du penser kantienne ne se fige pas dans la lettre. De ce point de vue l'affirmation selon laquelle nous ne pouvons *concevoir* d'autre vie que la vie dans le temps est parfaitement juste et il ne nous est pas interdit de *penser* une vie spirituelle. D'autre part Fichte jugeait, avec raison, le discours sur Dieu trop embrouillé pour se lier à des distinctions scolaires. Que je ne puisse concevoir d'autre vie que la vie empirique dans le temps et qu'il me soit possible cependant de méditer sur un système du monde intelligible, c'est chose par-delà toute terminologie et surtout philosophique profondément compréhensible. Quand Fichte, écrit à Schelling le 31 mai 1801 que la W-L expose la conscience absolument universelle

66. GA, IV, IV, p. 262, et GA, I, III, p. 208.
67. GA, I, V, p. 295, p. 305.
68. GA, I, I, p. 411.
69. GA, I, V, p. 305.
70. GA, I, I, p. 252.

du monde spirituel *(Geisterwelt),* il ne se contredit nullement (71). Au demeurant nul n'est obligé de s'élever dans tous les degrés de la W-L. Et à la fin ! si pour me nourrir je dois bien rompre le pain indicible (72), où a-t-on vu que pour spéculer je doive toujours passer par les chemins de la vie empirique...

I – Il est vrai qu'une apparente contradiction se manifeste dans le *Système de l'Ethique.* Fichte ne veut point renier sa *Critique de toute révélation.* Il va même tout faire pour la retrouver en dénonçant la conception kantienne de l'impératif catégorique. Pour Kant le commandement de la loi morale est « le fait unique de la raison » (73). Fichte pense bien avant Lévy-Brühl qu'il y a là une difficulté dans le système kantien, car chez Kant le fait appartient à l'expérience et la loi à la raison (74). Il va donc s'efforcer de réduire l'obscurité de « ce fait unique de la raison » qu'il répute être une *qualitas occulta* (75). Il ménage Kant en un sens : celui-ci n'a pas vu *positivement* que l'obscurité en laquelle il tenait l'impératif catégorique ouvrait la voie à toutes sortes de *Schwärmerei,* par exemple une loi morale rendue vivante en notre cœur par la divinité elle-même. Je ne dois pas penser la loi morale à partir d'un fait obscur, mais à partir de ma liberté : « *Je suis effectivement libre,* est le premier article de foi qui nous ouvre le passage en un monde intelligible » (76) et le « phénomène de la liberté est le fait immédiat de la conscience, sans être jamais la conclusion d'une autre pensée » (77). C'est parce que je suis libre que j'ai des devoirs, et ce n'est pas parce

71. GA, III, V, pp. 48-49.

72. L. Feuerbach, SW (Jold-Bolin) Bd. II, p. 288, pp. 186-187. Critique de Hegel : le pain que je mange est un ici-maintenant qui ne se laisse pas réduire dans le concept. Cf. A. Philonenko, *Feuerbach et la Monadologie,* R.M.M., n° 1, 1970.

73. Kant, AK. Bd. V, p. 31.

74. Lévy-Brühl, *La Morale et la Science des mœurs* (9e ed) Paris, 1927.

75. GA, I, V, p. 62. 76. Ibid, p. 65. 77. Ibid.

que j'ai des devoirs que je suis libre. De Kant à Fichte nous basculons d'une philosophie de l'*obéissance* vers une éthique du *projet.*

Mais dès lors surgit la contradiction apparente : nous sommes revenus à la doctrine de la *Critique de toute révélation :* tous les contenus spirituels doivent s'effondrer dans la raison morale comme projet et l'Idée transcendantale de Dieu s'abîme elle aussi dans la pure doctrine morale. Comment récupérer Dieu si on le laisse s'engloutir dans la pensée morale (78) ? La contradiction n'est qu'apparente, car Fichte n'a jamais, selon nous, considéré la transcendance de Dieu comme transcendance d'un Etre mort, mais comme transcendance de la vie éthique générale, c'est-à-dire comme une transcendance du Bien éternellement immanente à notre cœur, se développant dans l'histoire. Souvenons-nous : « Etre libre ce n'est rien, devenir libre c'est le Ciel ». La transcendance conçue au sens classique comme dépassement de tout objet par l'Etre, immobile et solitaire, est rejetée au profit de la vie de la liberté qui se « transcolore » à travers les individus sujets éthiques, liés en une chaîne des consciences. Dieu comme liberté se révèle dans le devoir et « voici l'authentique foi : cet ordre moral est le *divin (das Göttliche)* auquel nous adhérons » (79). Dieu est le Royaume : « Cet ordre moral vivant et agissant est Dieu lui-même » (80). Tant pis pour ceux qui considèrent Dieu comme un être nébuleux, agent de police distribuant « d'en haut » les contraventions et les peines aux coquins. En Dieu ils ne voient qu'une *chose* – qu'elle soit *en soi* ou non n'a aucune importance –, une substance aveugle, comme Spinoza (81). Opposée principalement à la doctrine spinoziste la doctrine

78. Fichte répond in GA, I, V, p. 354.

79. GA. I. V, p. 354. 80. Ibid.

81. GA, I, II, p. 263. On comprend ici ce que veut dire Fichte reprochant à Spinoza de scinder la conscience empirique et la conscience pure et de poser cette dernière en une Substance transcendante.

de Fichte ne voulant s'appuyer que sur la liberté passe de la substance au sujet. « La communauté entière des êtres raisonnables dépend de la sollicitude et de l'activité de chaque individu, et lui seul ne dépend de rien. Chacun devient Dieu autant qu'il a le droit de l'être, c'est-à-dire en respectant la liberté de tous les individus. Chacun précisément par cela que son individualité entière s'évanouit et s'anéantit, devient la pure manifestation de la loi morale dans le monde sensible ; il devient Moi pur par libre choix et libre détermination » (82). Le Paradis, le Ciel, ce sont les autres.

II – Mais une autre difficulté très remarquable se présentait. Fr. Schlegel observait chez Fichte une force infinie de religion « inconsciente » et une égale puissance de mécanisme logique et d'habileté philosophique. « Ces deux moments s'affectaient réciproquement » (83). On pouvait dès lors se demander si l'intellectualisme de la W-L de 1794-95 ne s'opposait pas au moralisme du *Système de l'Ethique.* Indiscutablement le ton des écrits moraux qui achèvent la première période de la W-L contraste avec le ton initial de la *Grundlage.* Mais c'est affaire d'appréciation et il est hasardeux de pousser plus loin. C'est toutefois ce que devait faire avec un grand talent G. Gurvitch. Très inspiré par la critique schelerienne du formalisme intellectualiste kantien (84) et surtout convaincu d'une irréductibilité réciproque des valeurs, Gurvitch discernait dans le *Système de l'Ethique* de 1798 une identification entre morale et religion : au panlogisme intellectualiste de 1794-95 se substituait un panthéisme moral (85). L'origine de cette évolution était la confuse identification

82. GA, I, V, p. 230, cf. M. Gueroult, op. cit., T. I, p. 346.

83. Fr. Schlegel, *Philosophische Vorlesungen* 1804-1806, hrsg. v. Vindischmann, Bd. I, p. 422, de même Gogarten, *Fichte als religiöser Denker,* 1914, p. 19, 7-20.

84. Max Scheler, *Ges. Werke,* Bd. II (Bern, 1954) p. 101 sq.

85. G. Gurvitch, *Fichte's System der Konkreten Ethik* (Tübingen, 1924), p. 112.

chez Kant de la raison théorique et de la raison pratique *(einundieselbe Vernunft)*. L'activisme pratique de Fichte, dès l'origine (86) laisse présager une crise, où l'on ne savait plus protéger l'une de l'autre la pensée éthique et logique (87). Aussi G. Gurvitch croyait discerner une période dominée par le moralisme irrationaliste – romantique. On peut concéder à G. Gurvitch quelques thèses. Il est vrai que Fichte devait s'élever, mais d'une manière très mesurée, à l'idée d'une spécificité de la dimension morale (88), sans jamais pourtant perdre de vue que la W-L et ses applications forment un tout ; il est vrai aussi qu'une pulsion romantique, comme tous les commentateurs l'ont vu, habite le cœur de la morale fichtéenne. Toutefois il semble que Gurvitch, en ce moment si essentiel pour sa thèse se méprenne sur deux points. D'une part il reconnaît à l'intuition intellectuelle une valeur ontologique que Fichte ne lui attribue pas, du moins d'emblée : il dénonce « la substitution de la pure (« intellectuelle ») intuition par le sentiment indifférencié de la foi qui conduit à la potentiation *(Steigerung)* de l'irrationnalité alogique de l'*éthique* dans l'irrationalité pré-conceptuelle de l'Absolu, qui se révèle comme Dieu dans la croyance » (89). Or Fichte, même s'il admet le concept d'intuition intellectuelle élevé à un très haut niveau, conserve toujours un œil sur sa valeur élémentaire. Par exemple dans le *Système de l'Ethique* il explique que conscience signifie intuition et que l'intuition intellectuelle est l'intuition en laquelle l'intelligence sans autre support que soi se découvre en sa spontanéité (90). D'autre part Gurvitch paraît aller beaucoup trop loin en parlant de

86. A. Philonenko, *Théorie et praxis*, p. 79.
87. G. Gurvitch, op. cit., p. 119.
88. Fichte, *Die Wissenschaftslehre* 1804/2, ed. R. Lauth, (Meiner, PHB) p. 33.
89. G. Gurvitch, op. cit., p. 113. Manifestement G. Gurvitch adhérait encore à la lecture schellingienne-hégélienne de l'intuition intellectuelle. Cf. A. Philonenko, *Etudes kantiennes,* Die intellektuelle Anschauung bei Fichte, p. 197 sq.
90. GA, I, V, p. 60, I, IV, p. 217.

mystique (91) et si l'on peut, en effet, pour distinguer la spécificité du moment éthique insister sur son alogicité, celle-ci n'est pas encore l'ennemie de l'intellectualisme, compris comme démarche générale unifiant la W-L.

On ne saurait cependant reprocher à G. Gurvitch d'avoir appuyé sur l'alogicité éthique, absolument méconnu, après Lask (92), que l'éthique supposait une logique partie intégrante de la philosophie (93). Tout en signalant la spécificité ultime de la pensée éthique, comme Lask, Gurvitch rêve de l'intégrer – peut-être sous l'influence de H. Cohen (94) à un système pur de la pensée en sa totalité. Son interprétation de la *Splatung* fichtéenne, c'est-à-dire du pur déploiement de l'Etre en régions spécifiques s'explique peut-être par là. Nous n'énumérerons pas toutes les dramatiques conséquences de cette lecture : qu'il suffise de dire d'une part qu'on voit mal comment le *Système de l'Ethique,* retrouvant la raison morale en sa pureté dissipe enfin l'illusion transcendantale par laquelle débute la *Grundlage der ges. W-L* de 94-95 et que d'autre part l'unité de l'homme se laisse mal entrevoir s'il est vrai que la *Spaltung* est par beaucoup de côtés un émiettement radical de l'Absolu.

III. La théorie du droit, développant le thème de l'intersubjectivité issu de l'organisation interne de la *Grundlage der ges. W-L* (95), établissait une relation pluraliste dominée par des règles juridiques. *Le Système de l'Ethique,* comme l'a déjà montré X. Léon, va tendre

91. G. Gurvitch, op. cit., p. 113, 115 et surtout p. 125 : « La mystique a pour conséquence le monisme, en lequel disparaît la moralité. Le moralisme menace ici de se renverser dans son contraire le plus grossier – le naturalisme... »

92. G. Gurvitch, op. cit., p. 145.

93. E. Lask, Bd. I, p. 168 sq, Bd. II, p. 177 où Lask n'écarte pas « die Logik der Geltungsphilosophie ».

94. H. Cohen, *System der Philosophie.* 2. Teil, *Ethik des reinen Willens,* in Werke (Hildesheim, 1981) Bd. VIII (Texte de la 2e ed.).

95. Cf. ici, p. 19. X. Tilliette, *Archives de Philosophie,* 1967, N° 4, p. 616-617.

vers l'unité dans l'intention morale intérieure pour tendre vers l'Idée du Moi pur (96). X. Léon posait ainsi le problème : « Comment les individus, que leur individualité même oppose les uns aux autres, peuvent-ils cependant être absolument identiques, comment l'unité foncière de la Raison est-elle conciliable avec la dispersion de la Raison dans les consciences individuelles ? » (97). Le problème se résout en trois moments. D'une part, plus que jamais, il faut écarter toute lecture *substantialiste,* où la conscience ne serait qu'un mode de la Substance absolue. Une telle lecture spinoziste nous reconduirait immédiatement à l'illusion transcendantale et nous penserions que le Moi absolu est un tout dont émane on ne sait comment un Non-Moi qui se diffracte, on ne sait toujours pas pourquoi, en consciences individuelles. Réifier le Moi absolu fut l'erreur initiale de Schelling, croyant qu'il suffisait d'écrire Moi, là où Spinoza écrivait Substance (98). Or il n'en va pas du tout ainsi chez Fichte : le Moi pur est une loi, une Idée transcendantale, qui n'enveloppe pas de *parties,* mais des *moments* s'évanouissant les uns dans les autres dans la réalisation concrète du devoir. D'autre part beaucoup de passages du *Système de l'Ethique* permettent de penser que si la loi morale est le fil directeur de l'action éthique, cette dernière s'exerce dans un ici et maintenant qui n'appartient qu'à moi (99). La chaîne des consciences n'est donc pas une loi qui supprime toute diversité et de ce point de vue on pourrait dire Fichte leibnizien. Par là l'éthique est à la fois abstraite (le Moi pur comme loi générative) et concrète (l'action précise d'un sujet dans le monde). La spécificité éthique formelle-générale-concrète se dégage ici : s'il est vrai qu'*une seule expérience* bien réussie suffit à établir la *validité d'une loi,* en

96. GA. I, IV, p. 265-66, GA, I, II, p. 383.
97. X. Léon, op. cit., T. I, p. 510.
98. *Briefe von und an Hegel* (Hoffmeister-Meiner, PHB, 1952) Bd. I, p. 22.
99. GA, I, V, p. 141, 143.

revanche la loi morale, sans que nulle induction sur sa valeur ne soit nécessaire, exige sa confirmation spécifique dans l'action intérieure au monde. Le devoir n'est pas anonyme, mais se personnalise dans la dimension générale de la raison. On peut donc bien affirmer que la loi morale ne regarde pas seulement en moi l'individu, mais la *raison entière* dont je suis un moment agissant (100). La diversité doit moins être réduite, comme dans la théorie du droit, grâce à des règles, qu'unifiée dans un mouvement permettant le développement heureux de l'homme. La morale est moins uniformité (soldatesque) qu'orientation convergente. Par là là même l'éthique n'est plus comme chez Kant une législation purement formelle et symbolique, ainsi que l'exigeait le dualisme instauré par la *Critique,* mais une philosophie du *progrès.* Ce progrès est infini, comme tel il est la catégorie de la moralité ; loin de s'opposer à la nature, il y voit une des conditions de possibilité de son développement – il ne s'agit pas de méconnaître les vertus de la nature, mais de les utiliser : pour agir il faut manger et boire : « Mangez et buvez pour la gloire de Dieu ; si cette morale vous paraît trop dure et trop austère, tant pis pour vous, il n'y en a point d'autre » (101). Il est clair que l'éthique rationnelle concrète ouvre ici les portes de l'histoire et que la morale peut être définie comme infiniment plus créative que chez Kant. Maintenant la diversité de l'ici-maintenant Fichte s'opposant à Kant, mais surtout à Rousseau, fonde une philosophie de l'engagement et du *projet,* juste corollaire de la définition du Moi pur comme liberté et devoir (102). Il ne serait pas tout-à-fait inexact de définir à ce point de vue le fichtéanisme comme pure logique morale de l'existence concrète (103).

100. Cf. M. Gueroult, op. cit., T. I. L'auteur a parfaitement reconnu l'approche leibnizienne de Fichte, mais sa conception du Moi fini en général a obscurci sa réflexion.

101. GA, I, V, p. 197.

102. Cf. ici, p. 20.

103. A. Philonenko, *La liberté humaine...*, etc., p. 338 et *Nachgelassene Schriften,* Bd. II, p. 508.

Enfin, en troisième lieu, Fichte n'a pas abandonné l'idée kantienne du Règne des fins, et au conflit réprimé dans la théorie du droit succède une collaboration. On assiste ici à un renversement des perspectives inconcevable dans une lecture substantialiste : au niveau du droit l'homme était fin absolue et l'Etat simple moyen travaillant à sa dissolution (104), à présent l'homme devient l'*instrument,* le moment concret de la loi morale fin en soi, conçue comme épanouissement total de la religion de la liberté. L'homme se détermine dès lors dans son historicité concrète comme pur moment trouvant dans la réalisation de la liberté éthique sa fin absolue. Fin en soi dans l'horizon du droit, je deviens instrument du projet général éthique et comme tel simple moment. Mais en même temps devenant clairement un moment de la raison je me détermine moi-même avec précision dans l'autonomie conquise dans l'adhésion au projet de la raison non seulement comme instrument, mais aussi comme libre sujet au sens où Rousseau dégage la liberté civique réelle dans l'acte par lequel j'adhère à la volonté générale. Au cœur de l'adhésion fichtéenne au projet de la raison, on découvre une idée difficile à exprimer mais très profonde : le dépassement des premiers mouvements de la philosophie n'est pas une opération visant à gravir un escalier, mais bien plutôt à rechercher toujours plus précisément la transcendance au cœur de l'immanence. C'est là ce qui explique, en partie, que l'approfondissement de la W-L ne soit pas comparable à un rejet des premiers acquis, mais très sûrement, à une démarche toujours plus intérieure, *descendant* (ce qui est une manière de s'élever) au plus profond de la pensée, *orientée* vers ce qui m'est plus intérieur que je ne le suis à moi-même : Dieu. Aussi ne sera-t-il pas nécessaire de renier quoi que ce soit. Plus je descends en moi-même à travers les strates de l'immanence, plus je m'élève vers ma vérité et il n'y a aucune raison

104. GA, I, III, p. 37.

de fermer l'entrée de la mine. Il y a là une spéléologie de la pensée qui assure l'unité de la pensée fichtéenne à travers le renversement des concepts, toujours plus proches du cœur.

IV. C'est faute d'avoir saisi le sens de ce voyage intérieur de la philosophie que beaucoup de critiques ont mal entendu l'idée de progrès à l'infini et le premier d'entre eux Hegel. Ce dernier dit en substance ceci : un progrès à l'infini n'a pas de cohérence intellectuelle. En effet si le progrès va à l'infini mathématiquement chaque pas en avant sera annulé pour la bonne raison qu'on se trouvera de nouveau en présence d'une infinité (105). *On progresse,* dit Hegel, mais *sur place.* Cependant l'idée de progrès à l'infini est la condition *sine qua non* du passage de l'état juridique à l'état moral ; seule elle autorise et fonde le dynamisme éthique en nous préservant de nous fixer dans un quelconque papisme (106). Fichte s'est étonné de l'objection dans le *Système de l'Ethique* (107). Il est clair que pour l'homme dans l'horizon spécifique de l'éthique l'infini concret ne peut jamais, précisément parce que l'homme est fini, être donné de manière syncatégorematique : le progrès que je dois accomplir est, atteint, l'ouverture d'une nouvelle dimension de l'action incluse dans l'Idée transcendantale du Moi pur comme infinité absolue. Par là *s'intériorise* le cercle dégagé au terme du §. 5 de la *Grundlage der ges. W-L* entre le Moi et le Noumène (108). En même temps se confirme plus décisivement que l'*Anstoss* est appelé à varier – de la sensation à Dieu – comme le Moi absolu a été appelé à varier de la substance (109) à l'Idée pure transcendantale. On objectera sans doute que dans

105. Gurvitch, op. cit., p. 94, p. 259. On sait que Hegel qualifiera l'infinité morale kantienne comme « mauvaise infinité ».

106. X. Léon, op. cit., T. I, p. 515.

107. GA, I, V, p. 141. 108. GA, I, II, p. 412.

109. Au début de l'exposé de 94-95 le Moi absolu est saisi comme substance, même s'il correspond à la catégorie de Réalité.

la première édification de la W-L, Fichte affirmait que nous ne pouvions pas concevoir une vie autre que la vie empirique dans le temps (110). On a déjà apporté quelques réponses qu'il convient à peine de préciser. La théorie morale dans sa spécificité propre me fait un devoir non seulement de récapituler tous les moments de la doctrine générale, mais encore et surtout de savoir que je suis homme, fini, à l'*effort destiné,* même en les choses les plus terre-à-terre, si bien que toute tentation de mysticisme (111) se trouve écartée (112). Dans la communion des saints chacun a sa tâche précise à remplir (113). Cette connexion infinie des tâches est la Providence pure. C'est Dieu lui-même en sa totalité comprise par l'homme comme un devenir qui tend à réunir tous les êtres raisonnables. Ce progrès, autant que faire se peut, doit être *conscient,* même si ma finitude me masque le mouvement d'ensemble (114). A quelque niveau qu'il se trouve l'homme trouvera un sérieux fil conducteur dans la *pensée de l'avenir* et voilà pourquoi Fichte précise, contre Rousseau, que l'âge d'or est devant nous et non derrière nous – voici pourquoi aussi situant le mal radical dans la paresse, il est fort prudent : il y aura des déviations, des reculs, mais rien n'interdira la progression de l'Idée transcendantale pure de l'Ethique. « Il n'y a aucun conflit dans la liberté d'êtres raisonnables *en général :* en d'autres termes il n'y a point contradiction dans le fait que plusieurs d'entre eux soient libres dans le même monde sensible » (115).

V. La *Grundlage der ges.* W-L 94-95 se concluait par une réflexion sur ma nature comme *Trieb* (penchant).

110. GA. I, II, p. 411.
111. En ceci Gurvitch s'est trompé.
112. Et Hegel, selon I. Iljin (*Die Philosophie Hegels als kontemplative Gotteslehre,* Bern, 1946) est tombé dans le mysticisme, p. 192 par exemple.
113. GA. I, V, p. 207.
114. Nous reviendrons sur ce point dans la philosophie fichtéenne de l'histoire. Cf. cependant GA. I, V, pp. 212-214.
115. GA. I, V, p. 266.

Le penchant dans le *Système de l'Ethique* a deux sens : d'une part le penchant de la nature et d'autre part le pur penchant à l'activité. Le penchant de la nature se « dirige uniquement sur la matière pour la matière elle-même, sur le sentiment de jouissance pour la jouissance ; en revanche le pur penchant vise l'indépendance absolue de l'être agissant... pour l'amour de la liberté » (116). Mais l'homme doit être considéré en sa solide totalité et s'il ne manque pas de théories morales pour conclure que le penchant de la nature doit être réprimé ou ignoré par le penchant pur, non seulement elles se répètent, mais encore par le détour du penchant pur, font de la liberté une détermination négative conçue simplement en lutte avec la nature, si bien qu'on aboutit à une différence ou opposition entre Nature et Liberté (117). Dès lors, comme on le voit chez Kant isolant le devoir de l'être, le contenu du devoir ne peut plus être qu'un postulat et la liberté avec lui. Il faut donc une synthèse de ma nature comme penchant naturel et de ma liberté comme penchant pur pour établir non plus seulement formellement, mais *effectivement (Wirklichkeit)* la cohérence de l'éthique comme orientation à la fois plénière et concrète. Tout l'homme doit être engagé et concrètement (118). Le penchant naturel et le pur penchant, relation de l'individuel et de l'éternité, s'unissent comme penchant subjectif et penchant objectif dans une relation définie par Fichte comme *Urtrieb* (penchant originaire). La disjonction est moins le fait de la réalité, qui devra s'approfondir, que le résultat de la réflexion. Avouons-le : le problème n'est pas bien résolu en 1798 – ne serait-ce que parce qu'il pose la question d'une *nature* de l'être moral raisonnable : « *Meine Natur ist ein*

116. GA, I, V, p. 39.

117. Par où l'on voit que Hegel a mal lu Fichte en opposant chez lui la nature morte et la liberté.

118. Orientation luthérienne chez Fichte. On doit saisir l'homme en totalité (pour le bien ou le mal) sans discerner en lui nature et esprit.

Trieb » (119). Manfred Zahn a raison d'écrire que le *Système de l'Ethique* appuyé sur l'échange réciproque – par concurrence – du mouvement du penchant et du penchant naturel se fondant dans la synthèse du penchant moral « mélangé » est moins une solution du problème que sa découverte (120). Mais ce qu'il ne faut pas perdre de vue dans cette dialectique difficile – qui peut conduire à bien des interprétations – c'est que d'emblée Fichte saisit l'homme comme totalité agissante et surtout que le pur penchant n'est aucunement lié à une affection antérieure : « le Moi n'est pas incité à... etc, mais il s'incite *lui-même*, et perçoit en ce penchant son Soi » (121). La philosophie du projet n'est nullement abandonnée, mais fondée : dans le penchant originaire *(Urtrieb)* une méditation approfondie découvre une unité dialectique qui certes se réfléchit dans la réflexion où les moments apparaissent séparés, mais qui dans la réalité signifie le dualisme de la tendance propre à la conscience – opposé à tout monisme de la substance – et indique sur un mode majeur l'auto-affection de la conscience éthique par elle-même dans un dynamisme où s'exprime la liberté.

Il n'est pas déraisonnable d'affirmer que la relative obscurité de la théorie du penchant (ou : tendance) en la *Sittenlehre* détermine l'évolution de la Doctrine de la Science. Deux orientations guident Fichte. D'une part l'opposition de la nature et de la liberté est réaliste et en effet tout se passe comme si la liberté avait pour fin d'écraser la nature. Mais d'un autre côté l'unité de l'homme conduit le philosophe à unir nature et liberté comme deux points de vue idéels sur une unité concrète qui est celle de l'homme comme totalité agissante *(Urtrieb)* et alors pour conserver à l'éthique sa dimension transcendantale, il fallait en venir à l'idée

119. GA, I. V, p. 109.
120. Cf. l'édition de la *Sittenlehre* de M. Zahn (Meiner, PHB, 1963) et son introduction, §. XIX, p. XXIX sq.
121. GA. I, V, p. 136, 137.

de l'auto-affection de la liberté par elle-même susceptible de promouvoir une éthique concrète. On peut penser légitimement que le développement de la pensée de la W-L devait s'orienter vers la religion et l'histoire où l'auto-affection de la liberté brisait à la fin le formalisme kantien. Kant avait su intégrer à la théorie transcendantale la religion (122), mais ses vues profondes sur l'histoire ne lui permettaient pas de dépasser le niveau de l'anthropologie pragmatique. *L'Initiation à la vie bienheureuse* d'une part, les *Discours à la Nation allemande* d'autre part sont les textes de Fichte les mieux connus où se réalise l'idée d'une éthique concrète.

*

* *

Mais le *Système de l'Ethique* en ses embarras impliquait d'autres difficultés. Appartenait-il vraiment, comme le *Droit naturel* de 1796, à l'horizon défini par la W-L, 1794-95 ? En un sens il faut répondre affirmativement à cette question : d'abord il s'agit d'un texte publié, ensuite il répond à une question fondamentale inscrite dans l'écrit programmatique de 1794. Mais en un autre sens il faut se montrer plus réservé. En effet dans l'*Initiation à la vie bienheureuse,* Fichte distingue une morale inférieure, celle proposée par Kant, qui se résume à l'observance de la loi dans une intention pure (123) et une morale supérieure qui, elle, serait l'aspiration par « une loi créatrice » et c'est précisément l'orientation finale du *Système de l'Ethique* et des écrits qui sont rédigés autour de 1798 – qu'il s'agisse d'essais comme les *Introductions à la Doctrine de la Science* de 1797 qui regardent

122. J. Bohatec, *Die Religionsphilosophie Kants in der « Religion innerhalb der Grenzen der blossen Vernunft ».* Hamburg, 1938. Ce n'est pas le lieu ici de proposer une critique de Kant.

123. SW (I. Fichte) Bd. V, p. 465 sq.

aussi bien en arrière qu'en avant puisqu'en celles-ci Fichte défend le point de vue de 1794, mais les fait suivre par un texte intitulé : *Essai d'une nouvelle exposition de la Doctrine de la science* (124), ou encore des très soigneuses leçons qui sont déterminées par le titre *Wissenschaftslehre nova methodo 1798* (125). Il y a donc une tension : le *Système de l'Ethique* s'inscrit dans le plan de 1794, mais la question de la liberté comme auto-affection de soi élargit le contexte de la réflexion. Avec toute la prudence requise on pourrait dire que du point de vue de la métaphysique comme métaphysique de la métaphysique, au sens venu de Kant, mais très transformé pour le simple lecteur, Fichte théoriquement consacrera toute son énergie à approfondir la seule fondation du système, et pratiquement et pragmatiquement il développera les vues procurées par la lumière de 1794. Un exemple suffira : choisissons deux écrits à peu près contemporains : *L'exposition de la doctrine de la science* de 1801 et l'*Etat commercial fermé* de 1800. L'exposition de 1801, personne ne le niera, est une œuvre qui reprend le moment fondateur du système auquel tous les autres doivent leur valeur propre. En revanche l'Etat commercial fermé relève de la théorie du droit, de celle de la politique qui en résulte et n'est rien de plus qu'une application pratique de la politique pure. Ainsi d'un côté une remontée ultime vers le principe fondateur et de l'autre une application des conséquences du moment fondateur, tel qu'il avait été exposé dès 1795. On ne doit pas s'étonner outre mesure de ces discordances. L'exposé de 1795 n'a jamais été renié par Fichte et partant de lui il pouvait toujours développer des recherches pratiques-pragmatiques comparables à l'Etat commercial fermé. Toutefois la question de l'éthique l'obligeait à approfondir le moment fondateur et c'est ainsi que le *Système de l'Ethique* pouvait s'appuyer

124. GA, I, IV, pp. 209-81.
125. GA, IV, II et surtout p. 225.

sur 1801 sans cesser de reposer sur 1795. Il n'y a pas *de jure* solution de continuité entre la W-L de 1795 et celles de 1801 et 1804. Il y a un progrès dans l'opération fondatrice, au demeurant indiqué *ab initio* par Fichte réputant la première exposition du fondement inébranlable en ses principes, mais cependant très imparfaite dans sa forme. Ces interférences ont permis aux interprètes de distinguer dans la systématique fichtéenne des solutions de continuité. On décompte ainsi des périodes, des ruptures dans la pensée de Fichte et la sévérité de Hegel (126) ne pouvait qu'encourager une telle lecture.

126. Hegel (SW, ed. Glockner) Bd. XIX, p. 640.

CHAPITRE III

L'ACCUSATION D'ATHEISME

La Querelle de l'athéisme, comme on est convenu de l'appeler, atteignit Fichte dans ce moment même où il achevait son système et se préparait à revenir sur le moment fondateur que désormais il allait de plus en plus assimiler à la W-L. Il est tout-à-fait exact de considérer avec M. Gueroult, que cette accusation d'athéisme ne pourrait clairement être exposée que dans un livre imposant. L'erreur consisterait à croire qu'une telle accusation était sans portée. Sans doute le Consistoire possédait une arme limitée : la confiscation des écrits – mais chacun savait que l'arme était délicate à manier, car précisément parce qu'ils étaient confisqués, les écrits pouvaient acquérir un écho qu'ils n'auraient jamais connu autrement. Dans une lettre adressée par le Consistoire supérieur au Prince-électeur de Saxe le 29 octobre 1798 on demande au Prince 1° De mettre en accusation les professeurs suspects d'athéisme et, leur affaire instruite, de les punir comme ils l'auraient mérité. 2° De prévenir les gouvernements qui ne prendraient pas contre eux des mesures rigoureuses, de la nécessité où se trouverait le Prince-électeur d'interdire à ses sujets la fréquentation de leur Université. 3° D'entrer en négociations avec le gouvernement prussien pour conclure un accord avec lui au sujet de la propagation de l'incroyance. On voit par là combien M. Gueroult a raison de considérer la Querelle de l'athéisme comme un moment très complexe. Le vœu du Consistoire était de jeter l'ostracisme sur Fichte, de lui fermer les portes de toutes les universités, et de faire en sorte qu'il ne puisse poser sa tête sur une pierre. Quant à Fichte dans une lettre où l'on peut mesurer à quel point il fut ébranlé, il passe en revue les pays où il pourrait trouver asile et brisé par la violence de l'attaque il écrit une phrase absurde en laquelle il se félicite (un ennemi de moins !) que le Tsar de Russie ignore son existence (1). Le résultat le plus clair est qu'il fut chassé d'Iéna. Comment en est-on venu là ? Il faut étudier la cause occasionnelle et le pourquoi profond.

I. D'abord examinons la cause occasionnelle.

Depuis 1797 Fichte était devenu avec Niethammer le directeur du *Journal philosophique.* Forberg, recteur de Saalfeld, vint proposer à Fichte un article intitulé : *Le développement du concept de Religion.* Xavier Léon a donné un intelligent résumé de cet article (2). Utilisant les concepts et la terminologie de l'idéalisme critique Forberg en venait à conclure en émettant des doutes sérieux sur Dieu et sur son règne. Se servant habilement de Kant Forberg représentait les perplexités de l'entendement et se dégageait en faisant appel à la volonté. Ainsi : « Y a-t-il un Dieu ? Cela est et demeure incertain, et cette question relève simplement de la *curiosité* théorique » – « La religion est-elle une conviction de l'entendement ou une maxime de la volonté ? Réponse : elle n'est pas une conviction de l'entendement, mais une maxime de la volonté » (3). Forberg poussait jusqu'à son terme le moralisme kantien et fichtéen en substituant le devoir, fait unique de la raison pure, à la croyance tandis qu'il établissait que nous devons croire parce que nous avons des devoirs. Fichte fut très gêné par la lecture du texte de Forberg. De toute évidence sans l'apport du criticisme

1. GA, III, III, p. 456. Cf. *La liberté humaine dans la philosophie de Fichte,* §. 3.

2. Léon, *Fichte et son temps,* T. I, pp. 520-521.

3. *Philosophisches Journal,* Bd. VIII, erstes Heft, II. *Entwickelung des Begriffs der Religion,* pp. 41-46.

Forberg eût été incapable d'écrire cet article. Il vit tout de suite que Forberg était un allié fort compromettant et il lui conseilla de reprendre son texte. Forberg ne le voulut point et la situation devint embarrassante pour Fichte. Il savait très bien que les jours heureux qu'avait connus la tolérance sous Frédéric le Grand étaient révolus et Kant en avait su quelque chose (4). Il ne pouvait d'un autre côté, lui qui avait toujours revendiqué la liberté de pensée, écarter un article. Il proposa à Forberg de publier son texte en l'assortissant de ses propres commentaires. Forberg refusa. Fichte prit une résolution extrême : publier en même temps un article dépassant et corrigeant Forberg et ainsi il rédigea le texte célèbre : *Sur le fondement de notre croyance en une divine Providence* (5).

Il débuta en expliquant qu'il s'acquittait de deux devoirs. D'une part il remplissait sa tâche d'éditeur. D'autre part l'article de Forberg « lui paraissant sur beaucoup de points, non pas tant s'opposer à sa conviction que tout simplement ne pas l'atteindre » (6), il trouvait l'occasion d'exposer « sa façon de penser en cette matière ». Il s'excusait en débutant de ne pas s'être exprimé plus tôt, ayant été accaparé par d'autres travaux. Le texte de Fichte suit diverses lignes d'orientation. En premier lieu et en ceci il a parfaitement raison, la philosophie n'a pas à présenter une preuve (Beweis). Toutes les preuves supposent quelque chose de plus que ce qui se trouve dans l'homme et qui prétendra savoir plus, étant homme, que ce qu'il y a dans l'homme ? Supposé qu'il se trouve un tel homme comment trouverait-il un accès à nous qui ne sommes qu'hommes ? On retrouve ici un argument classique dans l'*Aufklärung* et qui ne fut point méprisé

4. Kant, *La Religion dans les limites de la simple raison*, tr. Gibelin-M. Naar et l'introduction de M. Naar.

5. *Philosophisches Journal*. Bd. VIII, erstes Heft, II. *Entwickelung des Begriffs der Religion*. pp. 1-20, G.A. I, V, p. 347 sq.

6. GA, I, V, p. 347.

par Kant (7). La philosophie, poursuit Fichte, ne peut qu'expliquer des faits. Par exemple elle ne doit pas persuader les hommes de poser et situer les objets dans l'espace et tisser des liens qui les unissent sous le rapport du temps ; sa tâche est de justifier le procès de l'intelligence et d'exhiber le développement nécessaire de l'esprit. De même pour la religion, fait incontestable qui s'engendre évidemment comme « Thatsache » sans que le philosophe intervienne. « Par conséquent notre raisonnement ne doit pas être compris comme une tentative de « convertir » l'incroyant, mais plutôt comme une justification de la conviction du croyant. Notre seule tâche consiste à répondre à la question : « Comment l'homme parvient-il à cette foi ? » (8). Cette disposition méthodologique corrigerait les vues de Forberg. La philosophie comme Doctrine de la Science n'avait pas à produire (pour ou contre) le fait religieux, mais seulement à le comprendre et on pouvait sans peine lui accorder le droit à l'erreur comme on accorde à chacun le droit de se tromper en un calcul mathématique : qu'une tâche s'impose n'implique pas *ipso facto* qu'on trouve la bonne réponse. En outre Forberg, précisément parce qu'il n'avait pas une juste méthodologie, pensait qu'en l'absence d'une solution décidée on était en droit de soulever des doutes qui à vrai dire étaient autant de théorèmes. Fichte pouvait se croire plus ou moins à l'abri en se reposant sur les sages précautions qu'il avait développées. Comme on le verra ce fut une erreur.

Nous retrouvons dans ce bref texte de Fichte beaucoup d'éléments issus de sa *Critique de toute révélation*. La fonction de la *raison* était à bien des égards la même : « Le point décisif, écrit Fichte, qui déterminera la réponse est que cette foi ne doit pas être présentée en celle-ci comme une hypothèse arbitraire

7. Kant, *Qu'est-ce que s'orienter dans la pensée ?* (ed. A. Philonenko).
8. GA, I, V, p. 348.

que l'homme pourrait accepter ou non, ou encore comme une libre décision de tenir pour vrai ce que le cœur désire parce que le cœur le désire, soit comme complément, soit comme remplacement par l'espérance des raisons suffisantes (ou insuffisantes ?) d'être convaincu. Ce qui est fondé dans la raison est absolument nécessaire ; ce qui n'est pas nécessaire est, précisément pour cela, contraire à la raison. Soutenir que cela est vrai n'est que rêve et illusion, si pieux le rêve puisse-t-il être » (9). Sans entrer dans une analyse fondamentale du texte de Fichte, nous voudrions cependant relever les moments les plus saillants. D'une part Fichte s'appuie sans cesse sur la raison pratique. Il est faux de croire que raison et foi s'excluent comme semble le poser Forberg distinguant entendement et croyance : Fichte retient la leçon de Kant bien formulée par K. Fischer : il y a en notre être une *Vernunftglaube*. Il allait très loin en ce sens se rapprochant de Jacobi : « Notre monde est le matériau rendu sensible de notre devoir ; voici ce qui est véritablement réel dans les choses, voici la vraie matière première de tout phénomène. L'obligation avec laquelle la foi en la réalité propre des choses s'impose à nous est une obligation (Zwang) morale, la seule qui soit possible pour l'être libre. Personne ne peut renoncer, sans s'anéantir, à tel point à sa détermination morale qu'elle ne le garde même plus à l'intérieur de ces limites en vue du plus grand ennoblissement dans l'avenir. – Ainsi, considéré comme le résultat d'un ordre moral du monde, on peut appeler le principe de cette croyance en la réalité du monde sensible une révélation. Et c'est le contenu de nos devoirs qui se révèle en elle. » (10). Ainsi l'éthique devenait en sa rationalité le principe de cette croyance à la réalité sensible, théâtre de nos obligations et de nos devoirs. On peut diverger sur l'intensité du rapprochement

9. Ibid et SW (I. Fichte) p. 179 du Bd. V.
10. GA, I, V, p. 353.

avec Jacobi (11). Il est certain que parlant du monde sensible comme une révélation appuyée sur le principe de la moralité, Fichte accomplissait un pas en avant (12). Jacobi l'apprécia de son point de vue si particulier comme nul. Toutefois comme on ne saurait le contester – sauf dans une lecture malveillante de la *Lettre à Fichte* (13) – il ne croyait pas plus à l'athéisme de Spinoza qu'à celui de Fichte (14), dont il dénonçait « l'enthousiasme logique » (15). Ces éléments indiqués on peut estimer cependant que le rapprochement était assez sensible : si Jacobi faisait reposer la réalité du monde sur un acte de croyance, Fichte le suivait et s'écartait assurément de Kant (16). Mais d'autre part dans son texte Fichte actualisait, si l'on ose s'exprimer ainsi, deux idées fondamentales. Premièrement il refusait de concevoir Dieu comme objet, *res.* Dieu n'est pas une chose transcendante et la représentation judaïque de Dieu comme élevé sur une montagne (17) était franchement repoussée. Fichte voulait vider la religion de tout chosisme. Deuxièmement il précisait, avec prudence, que le divin ne se distinguait pas de l'ordre

11. La première analyse sérieuse et éclairante est celle de Levy-Brühl, *La philosophie de Jacobi* (Alcan), Paris, 1894, p. 205 sq. L'auteur envisage les relations de Fichte et du romantisme sous un angle un peu dépassé. Dans sa Préface aux *Oeuvres philosophiques* de F.H. Jacobi, 1946, Paris, J.-J. Anstett fait de pénétrantes remarques et indique des points très précis, notamment sur l'athéisme, cf. p. 36 sq. On pourra toujours se reporter à l'écrit un peu bref de Victor Delbos *De Kant aux post-kantiens.* Mais on consultera plutôt le grand ouvrage de Valerio Verra : *F.H. Jacobi, dall'Illuminismo all'Idealismo,* Turin, 1963. p. 246 sq.

12. Fichte espérait rallier Jacobi à sa doctrine. N'y pouvant parvenir et devant se rendre à l'évidence il en prit son parti et il s'en expliqua nettement dans une note de son opuscule satirique *Vie et opinions étranges de Frédéric Nicolai* (1801) SW (I. Fichte) Bd. VIII, p. 32 : il regarde Jacobi « comme un des rares chaînons de la vraie tradition philosophique ».

13. Jacobi, *Werke,* 1816, Bd. III, p. 9 sq.

14. J.-J. Anstett, op. cit., pp. 37-38.

15. Jacobi, *Werke,* Bd. III, p. 27.

16. On se reportera aux analyses concernant Jacobi dans mon commentaire de *Qu'est-ce que s'orienter dans la pensée ?*

17. Psaumes, XV, 1.

moral du monde (18). Plus tard dans une lettre à Schelling il se plaindra de n'avoir pu encore à cette date – pendant l'accusation d'athéisme – élaborer correctement la synthèse du monde des esprits : « Il ne manque rien à la Doctrine de la Science dans ses principes ; mais elle souffre d'un inachèvement ; en effet la synthèse suprême n'est pas encore faite, je veux dire la synthèse du monde des esprits. Comme je me disposais à effectuer cette synthèse, on cria à l'athéisme » (19). En fait le problème était difficile, bien que simple à énoncer : il convenait d'élucider le rapport entre l'éternité, l'ordre moral du monde considéré comme totalité ou monde, et l'engagement de la conscience dans l'histoire. Il fallait en 1799 concevoir une chaîne des esprits depuis un passé immémorial tournés vers un avenir éthique et caractériser la chaîne par la liberté et la conscience, nouant chaque maillon avec un autre. Le risque était grand. Cette conception à laquelle Fichte ne renonça vraiment jamais, non seulement s'approchait du panthéisme éthique, comme le vit F. Schlegel, tandis qu'était écartée l'idée d'un Dieu personnel, extérieur au monde et que l'idée d'immortalité reculait dans une pénombre indiscutable, mais encore comme le vit avec pénétration Schleiermacher le formalisme rationalisme éthique reconduisait aux vues étroites de Kant. Aussi Schleiermacher posa dans ses *Discours sur la Religion* que « La Religion n'était ni Métaphysique, ni morale, ni un mélange de l'une et de l'autre » (20) ; il la définit comme « Intuition et sentiment de l'Univers » (21). Ces remarques sont présentées afin que l'on puisse correctement apprécier l'orientation de Fichte, qui fut appelé à s'expliquer

18. GA, I, V, p. 354.

19. GA, III, V, p. 45, cf. R. Lauth, *Die Entstehung von Schellings Identitätsphilosophie in der Auseinandersetzung mit Fichtes Wissenschatslehre,* p. 147.

20. Schleiermacher,*Discours sur la Religion,* ed. I. J. Rouge, Paris, 1944 et surtout W. Dilthey, *Gesammelte Schriften.* XIII. Band, *Leben Schleiermachers,* 1, p. 394 sq et p. 399.

21. W. Dilthey, op. cit., p. 400.

et n'y réussit pas toujours avec un égal bonheur (22). On est en droit de penser que le refus du Dieu chose, en partie étayé par le refus d'une chose en soi transcendante inaccessible à l'esprit humain comme on le voit dans la *Critique de la Raison pure* selon certains, poussait Fichte vers ce panthéisme moral comme communion des Saints.

II. Quelques mois après cette publication paraissait un libelle intitulé : *Lettre d'un père à son fils, étudiant, au sujet de l'athéisme de Fichte et de Forberg.* Libelle sans nom d'éditeur. Les commentateurs – ainsi P. Ph. Druet (23) – s'insurgent contre le fait que Forberg et Fichte soient mis sur le même plan. « Le lecteur le plus obtus ne pourrait confondre les deux thèse en présence » (24). C'est vrai jusqu'à un certain point. Certes Forberg propose ses doutes et Fichte expose le principe de notre croyance en une divine Providence. Ce n'est pas la même chose. Toutefois en une matière si délicate à son époque Fichte avait commis une erreur tactique : c'est seulement à la fin de son texte qu'il fait deux allusions au Nouveau Testament (Matth. X. 29. 30. et Rom. VII, 28). Repoussant le Dieu anthropomorphique, le Dieu-substance, le Dieu personne et créateur, sans parler du Dieu infiniment bon et tout puissant des théologiens, il s'exprimait sans doute en philosophe, mais l'auteur du libelle n'avait pas tort d'écrire au début de son texte que le Christianisme était menacé. Et c'était grave. Fichte avait purement et simplement écarté la théologie biblique. On assistait alors à un renouveau de la lutte entre la philosophie et la religion statutaire et les citations de Goethe et de Schiller qui concluaient adroitement l'exposé de Fichte ne pouvaient, bien entendu, apaiser le conflit. Descartes avait été plus sage en discernant dans la philosophie et dans la Bible deux langages pleinement

22. GA, I, VI, p. 380.
23. P. Ph. Druet, *Fichte*, p. 131.
24. Ibid.

respectables (25). Mais on ne voit pas de telles précautions chez Fichte, du moins à cette époque et tactiquement c'était une erreur désastreuse. On ne pouvait tolérer le dogme du Messie de la Raison pure. Le rescrit du prince-électeur de Saxe, Frédéric-Auguste (19 novembre 1798) est clair. D'une part il ordonne la confiscation des écrits de Forberg et Fichte et d'autre part justifie cette mesure par son souci de « veiller à répandre partout et à confirmer la croyance rationnelle en Dieu et la vivante conviction du Christianisme » (26).

Avant de poursuivre revenons sur le paragraphe central de l'écrit de Fichte : « Cet ordre du monde moral vivant et agissant est lui-même Dieu ; nous n'avons pas besoin d'un autre Dieu et nous ne pouvons pas en saisir un autre. Il n'y a dans la raison aucun fondement pour partir de cet ordre moral du monde ; l'entendement originaire ne fait donc certainement pas ce raisonnement, et ne connaît nul être particulier de cette sorte ; seule une philosophie qui ne se comprend pas elle-même fait ce raisonnement. Cet ordre est-il donc quelque chose de contingent qui pourrait être ou ne pas être – être tel qu'il est ou autrement ; quelque chose dont vous ne devriez expliquer l'existence et la constitution qu'à partir d'un fondement, quelque chose à quoi vous ne devriez légitimer la croyance qu'en démontrant ce fondement ? Si vous n'écoutez plus les exigences d'un système vide, mais si vous interrogez votre intériorité propre, vous trouverez que cet ordre du monde est l'élément absolument premier de toute consistance objective, exactement comme votre liberté et votre destination morale sont l'élément absolument premier de toute connaissance subjective ; que toute autre connaissance objective doit être fondée et déterminée par lui et qu'il ne peut d'aucune manière être déterminé par un autre élément, parce qu'il n'y a rien

25. F. Alquié, *La découverte métpahysique de l'homme chez Descartes,* Paris, 1950, pp. 122-123.
26. *Fichte's Leben,* II, Erste Abth., VI, 1, p. 76.

au-delà de lui. » (27). E. Cassirer a parfaitement raison de dire que « toutes ces propositions durent apparaître aux adversaires de Fichte, dans le cas le plus favorable, comme une métaphore enthousiaste (als eine enthusiastische Metaphere) » (28). Mais, bien qu'attaché à la lecture traditionnelle de Fichte issue de Hegel, il voit encore mieux que Fichte ne pouvait pas écrire autre chose. On a vu comment dans la W-L de 1794-95 la dialectique de l'inter-subjectivité exigeait un déplacement du fondement de l'être en la liberté, de la chose en l'acte et les *Introductions* de 1797 accentuaient encore ce mouvement (29). C'était donc son système que Fichte mettait en jeu et il n'a pas su ou pas voulu composer avec la religion dans ses formes statutaires. L'erreur tactique devenait une faute stratégique. Son système devenait pour le commun étranger au Christianisme. Fichte allait s'engager dans une affreuse déroute que Descartes avait su éviter.

Sur le plan de l'Université, ayant reçu un blâme, Fichte était dans une position difficile. Il la rendit plus difficile encore par son obstination. Souvenons-nous toujours que Fichte n'était en rien un esprit posé – c'était un être torturé, traversé par des tendances parfois obscures. Il agit comme tous les angoissés : il répondit à ses adversaires en les accusant d'athéisme (doublant ainsi la mise). Il prétendait que leur Dieu distribuant les richesses sensibles, prévenant les désirs n'était que « le Prince de ce monde » (Jean, XII, 31 et XVI, 11) (30). Il tenta sans un très grand succès de retrouver le Christianisme. Nous possédons une importante documentation, les écrits de Fichte où il en appelle au public, sa *Réponse juridique,* sa correspondance, et de nombreux témoignages. Tout nous

27. GA, I, V, pp. 354-355.
28. E. Cassirer, *Das Erkenntnisproblem.,* Berlin 1923, Bd. III, p. 171.
29. Voir la critique de la chose en soi dans la VIe sec. de la IIe Introduction.
30. GA, I, V, p. 437.

montre Fichte précipitant sa chute et ses amis devenir moins sûrs. Ce fut le mérite de X. Léon de présenter avec clarté ce processus et de ne pas masquer les maladresses de Fichte qui obligèrent Goethe à se prononcer en fait pour la révocation du philosophe (31).

III. Mais n'y avait-il pas un motif profond ? Fichte l'a pensé. Il a clairement exprimé comment derrière l'accusation d'athéisme se profilait le désir d'abattre le noble cœur républicain qui battait dans sa poitrine : « Pour eux *je suis un démocrate, un Jacobin* » (32). Il ne se trompait pas. On a pu retrouver les noms des adversaires de Fichte en remontant jusqu'à l'accueil réservé aux *Contributions destinées à rectifier le jugement du public sur la Révolution française.* Nous ne pouvons ici entrer dans le détail. Mais il est clair que les adversaires de Fichte, les défenseurs du trône et de l'autel n'avaient pas précisément vu le jour au début de la *Querelle de l'athéisme.* La question était indissolublement religieuse et politique et les déchirements dans l'Eglise de France ne pouvaient pas conduire les adversaires du philosophe à une indulgence *à leurs yeux* coupable. Fichte paraissait *à leurs yeux* coupable d'usurpation, tandis qu'engagé dans une voie politique, qui leur répugnait, il semblait prétendre fonder en la raison la religion. Le conflit entre la métaphysique et la religion, aggravé par les maladresses de Fichte, prenait une vigueur nouvelle en s'associant à un grand débat politique sur le sens et la valeur de la démocratie. De quelque manière qu'on retourne la question elle déborde largement le champ purement philosophique. La plupart des adversaires de Fichte estimaient qu'être athée est être démocrate et qu'être démocrate est être athée. Fichte avait donc entièrement raison d'indiquer la dimension politique du conflit, mais il se trompait peut-être, si l'on tient compte de son époque,

31. Goethe, SW, Hamburger Ausgabe, *Briefe Band* 2. Br. 736, p. 393.
32. GA, I, VI, p. 72.

dans le maniement des concepts. Selon Fichte on l'accuse d'athéisme parce qu'il est démocrate – mais pour ceux qui s'opposaient à lui il n'y avait pas une séquence « parce que » : athéisme et démocratie s'impliquaient réciproquement (33).

Fichte quitte donc Iéna le 3 juillet 1799 – la première œuvre qu'il va publier est l'*Etat commercial fermé*, publié à Berlin dans les derniers mois de l'année 1800. Cette œuvre est toujours détachée de la *Querelle de l'athéisme*. C'est une erreur. Certes Fichte entendait dans cet ouvrage – auquel il tenait beaucoup (34) – exposer les compléments du *Droit naturel*. Mais la proximité des dates donne à penser que Fichte voulait aussi donner une leçon de démocratie appliquée. On pouvait l'accuser d'athéisme, il restait démocrate et montrait comment par la fermeture progressive de l'Etat on pouvait éviter le mercantilisme et l'anarchie économique qui pervertissent les âmes. Dans ces systèmes odieux on ne sait ce que c'est que liberté, égalité, fraternité. Mais qu'on commence par fermer l'Etat en instituant à la place de l'or et de l'argent une monnaie nationale, on verra naître une concorde entre les citoyens (l'Etat ayant seul le droit aussi longtemps que cela est nécessaire d'utiliser l'or pour les ultimes transactions avec l'extérieur). Et cette concorde sera d'autant plus ferme qu'enfin on repoussera la définition dogmatique de la propriété en ne voyant plus en celle-ci une possession de *choses*, mais la possession d'un *acte*, d'une *fonction* déterminée à l'intérieur de l'Etat, donc d'une expression concrète de la *liberté* (35). Dans cette perspective Fichte dénonçait l'odieux système de la plus-value en lequel l'ouvrier asservi à une machine retirait de son travail juste de quoi réparer ses forces,

33. X. Léon en ce sens n'a pas entièrement raison d'écrire : « C'est donc bien un procès politique qui fut intenté à Fichte au nom de la religion », op. cit. T. I, p. 535.

34. SW (I. Fichte) Bd. III, p. xxxviii.

35. Cf. Alexis Philonenko, *Autour de Jaurès et de Fichte*, in *Etudes kantiennes*.

tandis que le maître percevait tout le travail bien supérieur à la somme requise pour que le travailleur vive (36). Nous ne pouvons entrer dans le détail de l'économie fichtéenne, mais ce qu'on doit comprendre, puisque tout se tient, est qu'un vrai démocrate est seul capable d'établir une pensée sociale en laquelle comme « sagesse pratique » le christianisme, seule vraie philosophie populaire (37), peut s'épanouir. Qu'on parle de métaphysique tant qu'on voudra, Fichte, publiant après sa lamentable défaite *L'Etat commercial fermé,* donne à entendre que seul le vrai démocrate est un vrai chrétien. La W-L ne prétend pas se substituer au christianisme, mais montrer le contexte en lequel il peut s'épanouir à titre de philosophie populaire, car il ne faut pas exiger du christianisme qu'il dépasse la sphère de la sagesse pratique populaire pour se perdre en de vaines disputes. Et l'accord vrai entre la philosophie transcendantale et le christianisme consiste d'abord en développant la *science* à livrer à la doctrine chrétienne un champ d'application toujours plus vaste et ensuite à le débarrasser de fausses idées engendrées par la pensée dogmatique choséifiante (38). Que penser d'un système philosophique qui ne se préoccuperait pas en tant que science des conditions de possibilité de la sagesse pratique ? Or la W-L comme *science* jusque dans sa philosophie économique (application d'une application de la philosophie du droit) prépare le développement du christianisme, avec lequel elle n'a pas à être ou non en accord dogmatique, mais à qui elle doit apporter son aide. – Voilà ce qu'il y a derrière l'*Etat commercial fermé* et la date de sa parution est très significative comme l'attachement porté par Fichte à cet écrit. Là gisait le principe rénovateur des concepts d'athéisme et de démocratie et l'auteur de la W-L se rétablissait à un niveau très supérieur à celui de ses adversaires. Le texte est malheureusement rarement lu en ce sens. On s'attache avec raison aux

36. Fichte, *Der geschlossene Handelsstatt,* Buch. II, Kap. 3.
37. SW (I. Fichte) Bd. V, p. 349. 38. GA, I, V, p. 435.

idées économiques de Fichte, à la notion de *valeur* (valeur d'utilité – valeur de travail) (39). Mais il faut tout relier s'il est vrai que le système fichtéen est d'un bout à l'autre une analyse du concept de liberté.

C'était la réponse démocratique de Fichte ; elle ne fut pas comprise : on réfuta dans *L'Etat commercial fermé* le mouvement utopique de la pensée. Or s'il est vrai que *L'Etat commercial fermé* renferme une tendance utopique, on doit bien voir qu'opposé à l'internationalisme marxiste dans sa combinaison de la pensée prussienne et d'un idéal jacobin, l'ouvrage inaugurait le socialisme gouvernemental et bureaucratique dont Rodbertus, Lassalle, A. Wagner et Bismarck dans une certaine mesure seront en Allemagne les grands serviteurs. On percevra sans peine par là combien Fichte dans ce qu'il croyait avoir de meilleur se fermait pour ainsi dire toutes les portes : il enseignait la difficulté à une génération facile.

En même temps deux éléments allaient influencer sa carrière. Déjà dans une lettre à Tieftrunk du 5 avril 1798 Kant condamnait la Doctrine de la science (40). Il s'étonnait de l'étrangeté de la réflexion purement logique et sans relation comme conscience de soi à la matière. Dans le *Journal littéraire universel* il publia une annonce qui fit sensation. Fichte prétendait poursuivre et parachever la théorie kantienne et Kant répondit : « Je déclare que je considère *La Doctrine de la Science* de Fichte comme un système absolument intenable. Car, une pure Doctrine de la science n'est ni plus ni moins qu'une pure *Logique* dont les principes ne parviennent pas jusqu'à la matière de la connaissance, mais qui en tant que pure logique, fait abstraction

39. C'est sur ce point que Jaurès dans sa thèse latine sur les origines du socialisme a cru apercevoir une contradiction chez Fichte glissant d'une conception de la valeur, par exemple la valeur de travail, à l'autre, sans jamais se fixer. Seul Marx, selon Jaurès, a résolu ce difficile problème.

40. Kant, SW, AK, Bd. XII, p. 241.

du contenu de la connaissance : vouloir, à force de l'éplucher, en extraire un objet réel est une tentative vaine et une chose encore inédite... » (41). Fichte s'aperçut sans peine que Kant désirait surtout se séparer de lui en raison de la censure et ce fut sur un ton très modéré qu'il répondit à Kant, citant les passages des lettres de Kant qui l'encourageaient. Ce qui pouvait paraître comme le coup de pied de l'âne s'évapora bien vite. Au demeurant dans l'édition C. de la W-L (Jena & Leipzig, Gabler, 1802) Fichte apporta les corrections nécessaires pour faire comprendre à qui voudrait réfléchir qu'il débutait par une dialectique transcendantale en utilisant les lois de la logique générale comme organon.

Le second événement fut évidemment l'ascension de Napoléon Bonaparte. Fichte avait des amis qui connaissaient le futur Empereur et qui chantaient ses louanges. Mais le philosophe était sceptique. Dès cette époque il redoutait que Bonaparte ne confisquât à son profit la Révolution française et il en savait assez pour imaginer le fruit désastreux d'une telle opération. Ce serait la guerre : pour qui, pour quoi et jusqu'où ?

41. Ibid, Bd. XIII, p. 370-371.

CHAPITRE IV

LA DESTINATION DE L'HOMME

C'est à Moïse Mendelssohn qu'on doit le concept et l'expression de *philosophie populaire*. Il est très certain que beaucoup de penseurs firent sans le savoir de la philosophie populaire, simplement parce qu'ils ne pouvaient faire autre chose. Mais quand un grand philosophe décide d'exposer sa pensée sous cette forme, on se doit d'être attentif. Fichte dans la foulée de la Querelle de l'athéisme publia sa *Bestimmung des Menschen*. Ce texte l'emporte sur tous les écrits polémiques et même sur le *Rapport clair comme le jour (Sonnenklarer Bericht)*. D'une part c'est une exposition simple et claire de tout le système. D'autre part il s'agit d'une œuvre littéraire de qualité. On a dit que parmi les grands philosophes allemands, Kant, Schelling, Hegel, seul Fichte était véritablement un écrivain. *La destination de l'homme* ne dément pas cette assertion, peut-être sévère pour Schelling. C'est un beau texte, sensible, dramatique.

I. Et bien entendu quand on ne connaît pas le point de départ on se méprend sur le sens de l'ouvrage. Enfermé dans le concept du Moi en général (concept qui ne se trouve pas dans l'œuvre de Fichte), s'appuyant dans la lecture de la première W-L sur l'intuition intellectuelle (qui n'y est pas mentionnée) M. Gueroult ne trouvant pas ses (faux) points de départ décide que la *Destination de l'homme* suit l'ordre analytique dégageant la pensée de l'ordre synthétique de la première W-L. Si grande que puisse être l'admiration légitime qu'on éprouve pour l'œuvre de M. Gueroult une telle persistance dans l'erreur étonne (1). Nous savons que la première W-L se décompose en trois moments : 1) Dialectique transcendantale ou théorie générale de la contradiction des systèmes – 2) Histoire pragmatique de l'esprit humain ou pure constitution du savoir par la fondation de l'intersubjectivité (synthèses C-D) – 3) Fondation de la philosophie pratique et dans la corrélation du réalisme et de l'idéalisme détermination de l'Idée du Moi pur. Or la *Destination de l'homme* suit très exactement ce schéma : 1) *Doute.* (2) Fichte oppose très finement la nature et la liberté, dialectique naturelle entre le cœur et l'entendement (3). 2) *Savoir,* Dans un dialogue avec l'Esprit Fichte reprend l'histoire pragmatique de la première W-L en s'appuyant sur le court traité comprenant ce qui est propre à la *Doctrine de la Science* (4). Enfin 3) la dernière section est intitulée *croyance* et correspond à la troisième partie de la W-L-94-95 et prolonge son enseignement jusqu'à la synthèse du monde des esprits comme *Geisterwelt.* L'ordre analytique ne l'emporte pas sur l'ordre synthétique, mais depuis le début c'est l'ordre dialectique qui gouverne *La destination de l'homme* comme il gouvernait la première W-L. Il est clair qu'une difficulté massive se présente. Fichte – comme il l'a énergiquement souligné dans sa « première » période (5) – ne se fixe pas, comme Kant, une terminologie stricte. Chaque ouvrage du philosophe doit être appréhendé comme une totalité autonome, régie par ses formes linguistiques propres. Fichte ne cherchait par là qu'à obtenir des présentations plus plastiques de sa pensée

1. M. Gueroult, *Etudes sur Fichte,* p. 72 sq. *L'Evolution et la structure de la Science chez Fichte,* T: I, p. 359 sq.

2. E. Spranger, ed. de la BM, PHB, 1954 (Meiner Bd. 226) est bien inspiré en traduisant *doute* par dogmatisme, p. 161.

3. SW (I. Fichte). Bd. II, p. 190.

4. *Grundriss der Eigenthümlichen der W-L.* in Fichte, *Oeuvres choisies de philosophie première,* IIe partie (ed. A. Philonenko) ou OCPP.

5. Cf. in OCCP. La référence qui fixe le sens de l'index.

qui trouvait en ceci l'avantage de demeurer elle-même et ouverte. Aussi bien sûr les commentateurs ont-ils été attirés par les contradictions qu'ils croyaient découvrir chez Fichte et par exemple entre l'intuition intellectuelle selon la définition de 1797 et la croyance dans l'exposition de *La destination de l'homme.* On n'a pas voulu voir qu'à travers cette terminologie si relâchée (ou si subtile et souple) la W-L en général tendait, fidèle à elle-même, à s'enrichir. L'argument : « Fichte ne l'a pas dit dès le début, donc il se contredit » est nul et non avenu.

II. *La destination de l'homme* est un livre impressionnant par sa méthode, son contenu, sa question. Tandis qu'il expose sous une forme populaire sa philosophie Fichte lui assigne une question qui peut se lire en deux sens : *Que dois-je faire ?* ou *Que puis-je espérer ?* On sait la place et la valeur qu'accorde Kant à ces questions ou à cette question puisqu'il faut bien concevoir que mon *devoir* ne se dissocie pas de mon *espérance.* Mais cette interrogation suppose pour sa résolution la détermination du *savoir.* Aussi la destination de l'homme, sa *Bestimmung,* est une orientation vers la question kantienne : *Qu'est-ce que l'homme* (6). Toute la thématique kantienne est reprise dans la *Destination de l'homme* de 1800.

Son traitement est dialectique et Fichte débute en opposant la nature et la liberté. D'une manière générale la nature est assimilée au spinozisme et l'exposé de Fichte entrelace très finement les conceptions de Spinoza (7), de Leibniz, de Herder et de Novalis. Le système de la nature longuement décrit peut paraître complexe dans son organisation. Il s'agit, en fait d'un panthéisme qui unit dans un déterminisme cohérent les moments de la nature que sont la force, l'énergie,

6. A. Philonenko, *L'œuvre de Kant,* T. I, p. 143.

7. SW (I. Fichte) Bd. II, p. 184 où Fichte comme Spinoza déclare que l'homme n'est pas un empire dans un empire.

jusqu'à la conscience elle-même. Tout est déterminé parce que « je ne suis pas né de moi-même », que chaque chose, en vertu du principe des indiscernables et de la loi de la continuité (8), est à sa place, et par exemple qu'un autre ne peut être né à ma place (9). Si je pense à moi, je me saisis initialement comme liberté ; mais si je réfléchis je découvre combien ce sentiment est illusoire : « Dans ma *conscience immédiate* je m'apparais comme libre ; en réfléchissant à toute la nature, je trouve que la liberté est absolument impossible » (10). Le système de la nature est logique et cohérent ; il fait partout apercevoir un ordre solide susceptible de soutenir la connaissance. Il est probable qu'en construisant l'image de cette nature si contraire à la liberté et dotée de propriétés dynamiques (qu'on retrouve chez les romantiques) Fichte a voulu finalement viser la toute naissante philosophie de la nature de Schelling. En tous les cas il a été très loin dans l'esquisse d'un matérialisme naturaliste organique où le chef d'œuvre de la Nature serait le dédoublement de la conscience en conscience et conscience de soi (11). A l'intérieur de la nature on pourrait même, en se servant du principe des indiscernables, déterminer une pluralité de consciences : « Dans chaque individu, la nature se voit elle-même d'un point de vue particulier. En parlant de moi je dis « je » et en parlant de toi je dis « tu » ; mais en parlant de toi tu dis également « je » et tu dis « tu » en parlant de moi. » (12). Il n'est pas jusqu'à la *volonté* qui ne se puisse expliquer dans ce système : « Un acte de vouloir, c'est la conscience immédiate de l'activité d'une de nos forces naturelles intérieures » (13). On songe ici au *« conatus »* chez Spinoza. La volonté c'est l'idée d'un acte auquel me poussent mes impulsions primitives peu à peu unifiées. – Il est clair

8. A. Philonenko. *Le principe des indiscernables et la loi de la continuité, Etude leibnizienne,* Revue de Métaphysique et de Morale, 1967.
9. SW. Bd. II, p. 179.
10. Ibid, Bd. II, p. 184.
11. Ibid, Bd. II, p. 185.
12. Ibid, Bd. II, p. 186.
13. Ibid, Bd. II, p. 187.

que ce tableau très syncrétique de la Nature englobe toutes les formes de déterminismes et va conduire à détacher de la Doctrine de la Science la *Naturphilosophie.* Et on l'a très justement compris ainsi. Toutefois comme l'a brillamment montré R. Lauth Fichte ne s'est jamais perdu dans un idéalisme vide. On ne trouve pas chez lui de *Naturphilosophie* au sens indiqué, si ce n'est pour être repoussée. En revanche il y a dans l'œuvre de Fichte une théorie précise des *actes* catégoriaux (causalité, détermination, limitation, etc) qui déterminent la nature pour nous. La théorie du temps et de l'espace livrée en 1795 et faisant de ceux-ci non pas des intuitions originaires, mais le produit de la réflexion conceptuelle pure le prouve (14). Evidemment on devait s'imaginer avec Hegel très attiré par la *Naturphilosophie* (15) que la nature n'avait aucune place chez Fichte. C'est un contre-sens très répandu et qui s'appuie sur une méconnaissance des règles de la philosophie transcendantale qui s'intéresse moins aux objets qu'aux méthodes qui nous permettent de les constituer.

Quoi qu'il en soit Fichte, achevant de développer dans sa forme syncrétique le système de la nature, posait une question tout-à-fait dramatique en son contexte : pourquoi faut-il que ce qui satisfait mon intelligence désespère mon cœur ? Deux logiques s'opposaient dès lors : celle de la raison théorique et celle de la raison pratique. La logique de la raison pratique soutient la liberté et récuse la réduction du vouloir pur à l'idée d'un acte lui-même déterminé par les tendances, les penchants, les circonstances : « Je veux vouloir librement pour une fin librement choisie, et cette volonté, en tant que raison dernière que ne déterminera nulle autre volonté supérieure possible, doit former et mouvoir tout d'abord mon corps et, par l'intermédiaire de celui-ci, le monde

14. GA, I, III, p. 201, 207 sq.
15. Hegel, SW (Glockner) Bd. I, p. 396 sq, p. 106.

qui m'entoure. » (16). Il convient de remarquer que Fichte ne dit jamais que la nature doit être le phénomène de ma liberté comme le voudra Schopenhauer (17). « Ce n'est qu'alors que ma force, déterminée par la volonté et placée sous son empire, interviendra dans la nature. Je veux être le maître de la nature et elle doit être mon esclave ; je veux avoir sur elle l'influence à laquelle m'autorise ma force, mais elle ne doit avoir, elle n'a aucune influence sur moi. » (18). *Il y a donc doute.* Premièrement parce que la logique de la raison théorique (en 1797 le dogmatisme attaché à la chose (19)) ne peut abattre la logique de la liberté issue de la raison pratique (en 1797 l'Idéalisme). Deuxièmement parce que (comme en 1794) on oppose les ultimes principes dans la dialectique du doute : on ne peut pas aller plus loin que la raison théorique ou que la raison pratique. Il y a donc une antithèse originaire qui devra se transformer en synthèse fondamentale. La différence entre la *Destination de l'homme* et la W-L de 94-95 tient en ceci. En 1794-95 le conflit de la raison pure spéculative, comme pure antithétique, s'infléchissait à son terme dans le dévoilement de l'imagination transcendantale en une synthèse véritative (20). En 1800 le doute qui est allé aux extrêmes ne livre pas un passage à une synthèse, comme en 1794 il en allait pour l'imagination. Mais on doit imputer au caractère de philosophie populaire de *La Destination de l'homme* l'exclusion de ce point stratégique si technique (21). Il en résulte que le développement suivant appartiendra encore à la série idéelle, ce qui en soi ne provoque point de ravages dévastateurs puisqu'il

16. SW. Bd. II, p. 192.
17. A. Philonenko, *Schopenhauer, une philosophie de la tragédie*, passim.
18. SW. Bd. II, pp. 192-193.
19. Fichte, *Oeuvres choisies de philosophie première*, Ière Introduction, V, p. 250.
20. A. Philonenko, *La liberté humaine dans la philosophie de Fichte*, p. 284.
21. GA, I, II, p. 366.

s'agira d'opérer la déduction des structures dynamiques de la pensée sans se prononcer sur la valeur ontologique de ses objets. Au demeurant en 1794, exception faite pour l'Anstoss, le choc sur le Moi, la rigoureuse analyse des structures dynamiques tendait plutôt à éclaircir les puissances du Moi.

III. La seconde section de la *Destination de l'homme* a toujours suscité de réelles inquiétudes. Fichte s'est appuyé sur *La déduction de la représentation* dans la *Grundlage der ges.* W-L, 94-95 ; il a fait appel aussi à la fin de la *fondation du savoir pratique* qui achève ce même ouvrage et enfin il s'est appuyé sur le *Précis* (22). Mais de plus il a présenté des thèmes qui ne seront bien expliqués que dans *La nouvelle exposition de la Doctrine de la Science* de 1801. Parlant de « revirement », d'*alibis,* M. Gueroult s'est déclaré déconcerté. Que se passe-t-il, en effet, dans ce livre II de la *Bestimmung des Menschen* intitulé : Savoir ? Tout se passe comme si à l'antithèse de la nécessité et de la liberté se surimposait une antithèse entre spéculation et réalité. Il est vrai qu'au terme de ce procès la réalité n'est pas atteinte. Mais M. Gueroult, comme la plupart des commentateurs, est persuadé, ayant trop lu Hegel, que la réflexion spéculative ou théorique rend « possible la moralité » (23). Or ce n'est précisément pas le cas : c'est la moralité comme liberté qui rend possible en son objectivité la réflexion théorique. Fichte a toujours été convaincu que seule la liberté découverte finalement dans la section pratique rend intelligible en sa nécessité la relation entre le Moi et le noumène (24) et fonde par là le système du savoir. Le drame avec des interprètes aussi puissants que Gueroult, Kroner ou Médicus est que tous sous l'influence de Hegel accordent à la réflexion théorique un primat que Fichte lui refuse.

22. GA, I, II, p. 369, 535, 440, I, III, p. 193 sq.
23. M. Gueroult, *Etudes sur Fichte,* p. 84.
24. GA, I, II, p. 412.

Mais on va plus loin. M. Gueroult observe que Fichte « ne prononce pas une seule fois le mot *d'intuition intellectuelle* » (25). Nous l'accordons. Mais pourquoi cet interprète éminent ne s'est-il pas avisé que dans la première W-L de 94-95 Fichte ne prononce pas non plus « le mot d'intuition intellectuelle » et pourquoi s'est-il, après Hegel, obstiné à insérer ce mot au début de son interprétation de la première W-L 94-95 où de toute évidence il ne se trouve pas non plus ? (26). Quant à s'appuyer sur la déclaration de Fichte visant en sa préface à répudier notre mémoire et à ne pas vouloir retrouver à tout prix dans le livre « ce que nous croyions avoir lu ailleurs » (27), c'est, si l'on veut s'appliquer ce faisant à démontrer une évolution dans la pensée de Fichte, une triste erreur. D'une part c'est méconnaître le souci fichtéen de ne pas s'enliser en une terminologie rigide. D'autre part c'est se désavouer soi-même en utilisant l'expression très malheureuse : *« ce que nous croyions avoir lu ailleurs »* – M. Gueroult et bien d'autres n'ont fait que croire lire l'expression d'intuition intellectuelle au début de la première W-L 94-95. Enfin – *last but not least* – *La destination de l'homme* n'est qu'un livre de philosophie populaire. Comment de telles lectures ont-elles été possibles alors que Fichte en sa troisième partie écrivait : « La volonté est le principe vivant de la raison, *elle est elle-même la raison,* quand on la conçoit en toute pureté, et toute indépendance » (28) et affirmait le primat absolu de la raison comme raison pratique, ce qui justifie son absence dans le développement de la sphère du Savoir ? C'est une question importante, mais que nous ne pouvons aborder parce qu'elle relève de l'histoire de l'histoire de la philosophie.

25. M. Gueroult, op. cit., p. 86.

26. X. Tilliette, *Bulletin de l'idéalisme allemand, Archives de Philosophie,* T. XXX, 1967, p. 578 sq.

27. M. Gueroult, op. cit., p. 84.

28. SW. Bd. II, p. 288, GA. I. VI, p. 284.

Mais ce qu'il y a de plus incroyable c'est que l'intuition intellectuelle est présente aussi bien en 1794-95 que dans la *Destination de l'homme* et qu'on est peu habitué à le voir puisque toujours on recherche la version donnée par Schelling de ce concept. On y veut voir un trait de lumière éblouissant. Mais ce n'est pas le cas. Nous avons déjà insisté sur le fait que l'intuition intellectuelle était au début de la W-L 94-95 la part de vérité comprise en toute erreur. Pour la *Bestimmung des Menschen* la démonstration est plus aisée. « On peut toutefois montrer à chacun, écrit Fichte dans la IIe *Introduction* de 1797, dans l'expérience qu'il reconnaît être sienne, que cette intuition intellectuelle intervient en tous les moments de sa conscience. Je ne puis faire un pas, lever la main ou le pied sans... l'intuition intellectuelle de ma conscience de soi... Celui qui s'attribue un acte fait toujours appel à cette intuition. » (29). Tout au début du second livre de la *Destination de l'homme* consacré au savoir nous pouvons lire « ... ce que je vois et ce que je touche, je le sais immédiatement, je le sais simplement ; je le sais parce que cela est et du moment que cela est, sans intermédiaire, ni passage par un autre sens » (30) et encore : « tu sais justement que tu le sais immédiatement » (31). Mais cette formulation de l'intuition intellectuelle est le minimum requis par toute philosophie, soucieuse de ne point confondre le moi avec une pierre de lave dans la lune (32) et si le livre II de *La Destination de l'homme* débouche sur une antithèse entre la réalité et la spéculation, encore faut-il remarquer que l'intelligence qui pose cette antithèse est d'une part pour elle-même et d'autre part pose l'antithèse au lieu de la subir comme au premier niveau où la nature s'opposait à la liberté. On pourrait presque

29. GA, I, IV, p. 217.
30. SW. Bd. II, p. 201, GA. I. VI, p. 216.
31. SW. Bd. II, p. 201, GA. I. VI, p. 217.
32. GA, I, II, p. 326.

dire que la contradiction surgie dans l'en soi au livre I est posée pour soi au livre II.

IV. Dans le livre intitulé *Savoir* nous assistons à un brillant dialogue entre l'Esprit et le Moi (33). Fichte suit plusieurs lignes de démonstrations qui s'enchevêtrent au sein d'un exposé très brillant littérairement. D'une part il oriente ses thèses pour aboutir à un résultat négatif donnant à entendre que l'*idéalisme subjectif* est une chimère dont sa doctrine ne peut que faire l'économie. Par là se trouve réfutée la principale accusation portée envers la *Doctrine de la Science.* On a déjà expliqué comment Fichte repoussait la confusion entre l'idéalisme et la subjectivité psychologique. Mais ici, dans une certaine mesure, il laisse les choses aller pour prouver le désastre du subjectivisme et il va très loin en accordant que la raison théorique toute seule ne peut y parer. *De là procède la nécessité d'appuyer le savoir sur la foi* (34) et de conforter l'entreprise kantienne, en montrant que sans la foi et mon devoir, le savoir n'est rien. D'autre part le savoir décrit n'est pas faux si on le soutient. Aussi tant que le recours à la foi n'est pas opéré on se prépare sans doute au désastre du subjectivisme, mais les structures idéatives de la perception seront correctement analysées. Fichte n'a pas oublié la leçon de la première W-L où décomposant l'illusion, dans une dialectique du faux et des systèmes, il dérivait les catégories (35).

Le problème fondamental est celui de l'objet qui unit les deux lignes principales de démonstrations et leurs dérivées, qui se rapportent à la sensation,

33. Cf. M. Gueroult, op. cit., p. 72 qui établit clairement que l'entrée en scène de l'Esprit n'a aucun rapport avec les vers de Goethe si connus, *Faust* erster Theil, – *« Mir hilft der Geist ! Auf einmal seh' ich Rat – und schreibe getrost : im anfang war die That »* qui n'apparaissent qu'en 1808.

34. Les questions kantiennes au lieu d'être juxtaposées apparaissent dès lors ordonnées organiquement dans un processus dynamique.

35. A. Philonenko, *La liberté humaine dans la philosophie de Fichte,* §. 49.

à la perception, à l'intuition, à la pensée (36). La dérivée fondamentale qui soutient les lignes de démonstrations est à tous les niveaux l'implacable refus de la chose en soi telle que Kant la conçoit au niveau de l'Esthétique transcendantale (37). C'est peut-être la seule chose de vraiment bonne qu'autorise l'orientation subjectiviste : « Il ne reste donc dans ton objet que ce qui est perceptible (das Empfindbare) – que ce qui est propriété (Eigenschaft) » (38). L'objet est nié en sa transcendance. Quelle que soit la solution finale la substance ne pourra jamais être autre chose que le nexus des propriétés. Dans un langage plus moderne orienté vers l'objet il serait convenable de dire qu'il n'y a que des étants. La thèse kantienne sur la substance (39) est reprise au niveau même de la perception (40). On dira la pensée vulgaire. Sans doute. Mais elle implique une révision de nos concepts et Balduin Noll dans un livre très critique envers Fichte soutient que selon celui-ci « L'être de l'étant consiste seulement dans la représentation » (41). Mais qu'est-ce donc que le point de départ – à l'intérieur de cette réflexion encore dialectique – voilà ce qui doit être déterminé. La conscience commence par parler de perception (42) avant d'en venir à la sensation. La démarche de Fichte est sage : ce dont je puis *d'abord* parler c'est de représentations constituées, nexus de propriétés et non pas de sensations qui sont autant de moments abstraits

36. Il est clair que dans un exposé populaire Fichte qui vise à établir une antithèse ne peut pas se servir vraiment de l'expression : *raison théorique* (theoretische Vernunft). Mais d'une part le recours au mot « pensée » au terme du livre II ne laisse pas beaucoup d'incertitudes et d'autre part, nous le savons, Fichte n'aime pas une terminologie trop rigide.

37. Alexis Philonenko, *L'œuvre de Kant,* T. I, pp. 127-136.

38. SW. Bd. II, p. 211, GA. I. VI, p. 224.

39. AK. Bd. III, p. 164 sq.

40. J'ai beaucoup insisté sur ce point jadis : Fichte veut justifier non seulement les jugements scientifiques mais aussi la $\delta o' \xi a$.

41. B. Noll, *Kant's und Fichtes Frage nach dem Ding,* Klostermann, 1936, p. 27, p. 123 sq.

42. SW. Bd. II, p. 202. GA. I. VI, p. 217.

par rappport à la perception concrète. Il y a là un souci phénoménologique que nous retrouverons. La perception ne se donne pas à moi comme une association, mais comme totalité concrète et de ce point de vue Fichte s'écarte des philosophes anglais et pourra souligner notre immersion dans l'effectivité.

Mais ce qui à travers toute cette dialectique si riche en remarques profondes va nous conduire dans l'abîme du subjectivisme est la simple thèse, inévitable au point de vue de la raison théorique : *« Dans toute perception c'est uniquement ton propre état que tu perçois »* (43). Dès lors je m'arrache à la naïveté primordiale, je m'enferme dans la conscience et rien ne peut m'en délivrer. Et le problème posé par la source de l'affection est insoluble, car l'affection n'est que dans la mesure où j'en suis conscient (44). Déjà la première W-L 94-95 soulignait ici le cercle dont l'esprit fini ne saurait s'affranchir : la pré-supposition d'une cause qui n'est cause que pour le moi : « Que l'esprit fini doive poser quelque chose d'absolu en dehors de lui-même (une chose en soi) et cependant reconnaître par ailleurs que cet être n'est que *pour lui* (qu'il est un noumène nécessaire), – tel est le cercle que l'esprit fini peut élargir jusqu'à l'infini, mais dont il ne peut s'affranchir » (45). Dans la *Destination de l'homme*, à travers les apories du livre II, Fichte nous convainc que l'affirmation d'une cause de l'affection est un perpétuel malentendu et que la vérité des choses ou des représentations s'enracine dans l'objectivité pratique pour autant qu'elle procure un *sens* à la vérité. L'erreur monumentale du subjectivisme, simplement appuyé sur la pensée, consiste à vouloir la vérité indépendamment de son *sens* et il est à peine besoin de souligner que cette erreur est aussi celle du réalisme.

43. SW. Bd. II, p. 202. GA. I. VI, p. 217.
44. SW. Bd. II, p. 214 sq, GA. I. VI, p. 226-227 sq.
45. J'ai déjà cité ce texte plus haut, cf. p. 36 et GA. I, II, p. 412.

Les propriétés se résolvent dans l'analyse philosophique en sensations. Et il faut expliquer comment avec de l'inextensif (par exemple ce point de rouge ou d'amer) j'obtiens de l'extensif. C'est par un acte de l'intelligence semblable à celui de tirer une ligne et d'étendre la ligne en une surface. Le perceptible (Empfindbar) dérive de mon acte par lequel j'étends dans l'espace un point qui suscite la conscience d'objet (46). Ainsi le monde est-il élaboré à partir d'un schématisme de l'intelligence. Mais ici se présente une difficulté que Fichte ne juge pas nécessaire d'expliquer entièrement. Il n'y a, en effet, que des perceptions particulières – le rouge n'a pas toujours le même ton, le même éclat, la même chaleur (47). Je ne peux donc pas dire que je puisse voir en général, ni goûter en général. *A parte rei* il convient de dire qu'il n'y a pas d'Idées platoniciennes des choses ; *a parte subjecti* il s'opère un classement déterminé par la sensation immédiate elle-même car je sais immédiatement que regarder un arbre est autre chose que boire une potion amère. Ceci accordé, il est intéressant d'observer que pour cette classification Fichte ne se sert pas du langage (48). Et l'on retiendra que dépassant le point de vue *a parte rei* et le point de vue *a parte subjecti* la pure méthode de la conscience, comme acte de tirer la ligne, est toujours maintenue. Le schématisme pur consiste à passer de la temporalité de la sensation à sa projection dans l'espace (49) dans un mouvement indivisible. L'espace lui-même en lequel j'étends la sensation est dépendant d'un schématisme de l'esprit humain et pour ne pas se brouiller avec Kant dans une analyse purement dialectique Fichte écrit : « Aucun objet n'est généralement dans l'espace, mais chacun est dans un espace déterminé » (50). C'est le moment de

46. SW. Bd. II, p. 208, GA. I, VI, p. 222.
47. SW. Bd. II, p. 214 sq. GA. I, VI, p. 227.
48. Ibid. On sait les difficultés soulevées par Rousseau.
40. SW. Bd. II, p. 232 sq. GA. I, VI, p. 241.
50. SW. Bd. II, p. 235. GA. I, VI, p. 244.

l'intuition. La pensée (comme intelligence) unifie ces deux moments, sensation et intuition. La déduction est alors très rapide : ne trouvant ni dans la sensation, ni dans l'intuition le fondement d'une force étrangère au moi, comme elle le cache au début, la pensée est obligée d'admettre que la totalité du rapport n'est que par elle-même (51). En réalité la source de l'affection m'est intérieure, non selon ma liberté, mais ma spontanéité. Phénoménologiquement je m'explique ma présence immédiate aux choses. Ontologiquement je dois concevoir qu'elles me sont présentes parce que je suis présent à moi-même (52).

Or ce qui sépare ici Kant de Fichte ce n'est pas seulement que la théorie de la double affection du Moi par lui-même (53) n'apparaît pas susceptible de « sauver les phénomènes », mais surtout que la raison théorique, livrée à elle-même, et qui dans le dialogue qui forme la substance du livre II est représentée par l'esprit, se trouve être perverse (54). Renversant par des raisonnements stricts mais vides la rectitude de l'intentionnalité la raison théorique consomme sa défaite non seulement dans la dissolution universelle des objets – moments dans la vie éthique – *sed etiam* dans la pulvérisation intellectuelle de mon corps, texte du droit, et de celui d'autrui, texte du droit aussi, mais prétexte de la morale. Rien n'échappe et pas même le « Je » intérieur à la conscience. Pourquoi attacher ce « Je » à une intériorité simplement logique ? « Je pourrais aussi bien dire : *on pense* » (55). On retrouve l'axiome de Spinoza, incapable de dériver du premier livre de l'*Ethique,* le « Je » et devant se replier sur l'affirmation :

51. SW. Bd. II, p. 245. GA. I, VI. p. 251.
52. SW. Bd. II, p. 247. GA. I, VI, p. 247.
53. E. Adickes, *Kants Lehre von der doppelten Affektion unseres Ich,* Tübingen, 1929, p. 47, du même *Kants Opus postumum dargestellt und beurteilt,* Berlin, 1920, p. 291 (A. 435) sq.
54. SW. Bd. II, p. 244. GA. I. VI, p. 251.
55. SW. Bd. II, p. 244.

« Homo cogitat » (56). On peut apercevoir ici l'amorce d'un rapprochement sérieux avec Jacobi pour lequel toute philosophie purement rationnelle est acculée au spinozisme, qui dans une certaine orientation de pensée peut être considéré d'abord comme une élimination du Moi et du Toi. La thèse révolutionnaire de Fichte est que tout idéalisme purement théorique s'abîme dans un insoutenable subjectivisme qui lui-même conduit au spinozisme (57) – Fichte avait clairement indiqué la voie. Mais on devait croire assez curieusement qu'il abandonnait le point de vue de 1794, que le passage à une philosophie de la croyance enregistrait la débâcle de l'idéalisme – il est vrai qu'à cette époque Schelling recherchait un principe plus élevé que le Moi (58) – et qu'enfin il flattait un peu Jacobi, dont il avait, en effet, beaucoup appris. Mais nous sommes fondés à dire en examinant les processus d'élaboration de l'objet présentés en 1800 – l'acte de tirer la ligne, etc., – qu'il ne reniait pas ses pensées premières, mais qu'il considérait plus vigoureusement que jamais que ces processus n'avaient de sens qu'au sein d'une raison pratique fondant dans la liberté morale l'intelligence. Tout l'enseignement qui se dégage du livre II est que l'intelligence ne peut jamais être une fin en soi et pour soi. Dès lors qu'elle s'affirme comme telle elle ne peut éviter le gouffre de la spéculation chimérique et c'est seulement une intelligence pervertie qui pose pour soi l'antithèse de la réalité et de la spéculation.

V. Le troisième et dernier livre de *La destination de l'homme* intitulé *Glaube* (qu'on peut traduire par *foi* ou *croyance*) a suscité de nombreux malentendus et précisément parce qu'on ne l'entendait pas selon

56. Spinoza, *Ethica*. P. II, *Axiomata*, II, (Gebhardt, vol. II, p. 85).

57. Cf. L. Guillermit, *Le Réalisme de F.H. Jacobi*, Aix en Provence, 1982, p. 133.

58. W. Metzger, *Die Epochen der Schellingschen Philosophie von 1795 bis 1802*, Heidelberg, 1911, p. 103 sq.

la dynamique des questions kantiennes allant du savoir au devoir et de celui-ci à l'espérance. Ces horizons de l'interrogation philosophique chez Kant sont pour ainsi dire statiques ; chez Fichte il y a interpénétration. On a aussi trop fortement rapproché Fichte de Jacobi. Certaines formules et même certains thèmes – par exemple que philosopher n'est point vivre (59) – sont identiques. Enfin la distinction des deux ordres du réel, le monde sensible et le monde supra-sensible, pouvait laisser songeur le lecteur de la première W-L toute orientée vers la justification de la *δόξα.* (60).

Nous remarquerons donc en premier lieu que la théorie du savoir développée dans le livre second de la *Destination de l'homme* dévoilait la limite essentielle (au sens de *Grenze*) du savoir qui consistait en cela seul que le savoir est pour l'homme et non l'homme pour le savoir. C'était déjà d'une certaine manière s'accorder avec Jacobi ; mais si le rapprochement était clair, on ne peut dire qu'il était absolument particulier. Il appartiendra au néo-dogmatisme de Hegel de restaurer la relation inverse et de faire de l'homme le moyen du savoir qui, absolu, est aussi fin en soi et pour soi. Mais s'il est exact qu'à la vérité doit s'ajouter un sens, le *simple* savoir ne peut qu'être moyen. Il est le moyen du *devoir.* Puisque par la raison théorique je ne puis décider de la réalité du monde et que cette entreprise est elle-même perverse, c'est en fonction des *devoirs* que j'éprouve impérieusement en ma conscience que j'attribuerai un cœfficient d'effectivité au monde : « Tout ce que je puis dire est ceci : J'ai certainement et vraiment des devoirs déterminés qui m'apparaissent comme des devoirs envers et dans tels projets ; et ces devoirs déterminés, je ne puis me les représenter ni m'en acquitter que dans un monde tel que je me le représente » (61). C'est bien la doctrine professée

59. SW. Bd. VI, p. 342.
60. Nous reviendrons sur ce point en commentant, SW. Bd. V, p. 466.
61. SW, Bd. II, p. 261, GA. I, VI, p. 263.

pendant la Querelle de l'athéisme. Mais la pensée a gagné en plasticité : *c'est la valeur qui décide de l'être et non l'être de la valeur.* Cela posé, enchaînons le troisième terme des questions kantiennes. La valeur en soi et pour soi enveloppe l'être dans la mesure où elle est volonté, comme telle liberté et *décision d'espérance.* On jugera peut-être difficile la conception de la valeur en tant qu'être. Mais comme telle la valeur ne prétend nullement rejoindre l'être-mort de la matière, mais le pur Pour-Soi (Für-sich-Seyn). L'enchaînement dynamique du savoir, de la valeur et de la volonté comme décision d'espérance réalise la synthèse authentique de la problématique kantienne. Résumons : *Je veux, donc je suis, donc le monde existe.* Ou encore puisque l'expression la plus concise est préférable : *Volo ergo sum.* Mon vouloir implique la dimension d'espérance, comme mon existence implique le monde. Nous voici débarrassés de la fatalité spinoziste où le « Je » de la pensée en général s'évanouit dans l'impersonnalité : *Homo cogitat* ou *Es wird gedacht.* Regardant l'avenir on peut dire que Fichte ruine aussi le principe schopenhauerien de la Volonté comme force aveugle et chose en soi (62). On demandera ce que je puis *vouloir* et *espérer :* c'est très simple ! J'espère et je veux, même si je puis y répugner, accomplir mon *devoir* et le *savoir* ontique est un sûr instrument.

On dira que Fichte s'approche trop de Jacobi. Il convient d'être prudent. Une difficulté sémantique nous interdit souvent d'être très précis. La langue française possède deux mots : la foi et la croyance et nous réservons généralement le mot *foi* aux problèmes religieux. Sans doute l'usage n'est pas absolu, mais enfin il est général. La *croyance* sans être comme terme exclue du monde religieux peut revêtir un aspect bien plus profane. Par exemple on « croit » que la récolte sera bonne. La langue allemande ne possède

62. A. Philonenko, *Schopenhauer, une philosophie de la tragédie,* P. II, III, et IV.

qu'un seul mot pour exprimer la foi et la croyance : *Glaube*. De là mille difficultés, car on se doute bien qu'un esprit comme Jacobi, très versé dans l'étude de la langue française, à la mode du XVIIIe siècle, a introduit dans l'unique mot allemand les deux valeurs de notre langue. Chez lui la foi ou croyance et dans tous les cas *der Glaube* signifie en même temps un mouvement spontané vers le monde et une élévation religieuse. Une grande partie de sa polémique avec Kant repose sur cette ambiguité (63). Aussi bien lorsque Fichte fait appel à la croyance (ou à la foi) pour soutenir notre adhésion au monde, on peut se demander en quel sens il use du terme. Deux éléments permettent de répondre. D'une part Fichte est un philosophe attaché à la *démonstration* et au savoir, tandis que Jacobi est attaché à une « philosophie du non-savoir » (64), philosophie noire qui ne vise que le démantèlement de la pensée au profit de la foi mystique. Nous ne voyons rien de tel chez Fichte. D'autre part la foi ou croyance fichtéenne ne comprend aucun élément susceptible de procurer le sentiment que le philosophe s'oriente vers une confuse transcendance de la Substance (65). Une seule chose rapprochait vraiment Fichte et Jacobi -- ni l'un, ni l'autre n'adhéraient à la *Réfutation de l'idéalisme* proposée par Kant. Jacobi s'en tenait à une ouverture naïve au monde, comme *Glaube* et Fichte dérivait du pur sentiment de la liberté comme principe de la réalisation du devoir la nécessité du monde. Théoriquement l'existence du monde n'est pas un objet de démonstration. Moralement l'existence du monde est une dérivée du mouvement par lequel l'esprit se saisit comme *devoir* et *espérance*, et les processus immanents à la constitution du savoir, même comme

63. Voir mon commentaire dans E. Kant, *Qu'est-ce que s'orienter dans la pensée ?*

64. G. Kirscher, *La conception de l'histoire de la philosophie de F.H. Jacobi*, in *Friedrich Heinrich Jacobi* (V. Klostermann, 1971), p. 249.

65. E. Cassirer, *Substanzbegriff und Funktionsbegriff*, Berlin, 1923, p. 380 sq.

simple perception, sont justifiés par là. Jacobi en ce sens est très loin de Fichte. Rien ne justifie la démonstration à quelque niveau que ce soit dans la pensée de l'auteur des *Lettres à Moïse Mendelssohn sur la doctrine de Spinoza.* Fichte ancre les bonnes démonstrations dans la pensée éthique primordiale au niveau qui est le leur, de telle sorte que la genèse est intégrée et dépassée. Mais il convient pour percevoir correctement la pensée fichtéenne d'apprécier la nature de la « spéculation » en général. Il ne s'agit pas pour le philosophe critique d'inaugurer, mais de restaurer. « A quoi bon, écrit-il à Jacobi le 30 août 1795, la spéculation et avec elle la philosophie sinon pour la vie elle-même ? Certes une humanité qui n'aurait jamais goûté de ce *fruit défendu* pourrait se passer de toute philosophie. Mais il est inhérent à sa nature de vouloir contempler la région qui dépasse l'individualité, non pas seulement à la lumière de la réflexion, mais directement en elle-même. Le premier qui souleva la question de l'existence de Dieu brisa les bornes de l'individualité, ébranla l'humanité *jusque dans ses bases les plus profondes* et l'engagea dans une lutte intérieure, qui n'est pas encore terminée et qui ne peut se terminer qu'en marchant hardiment de l'avant jusqu'au sommet d'où la spéculation et la pratique apparaissent réconciliées. *Nous avons commencé à philosopher par orgueil et par là nous avons perdu notre innocence ; alors nous avons vu notre nudité, depuis nous philosophons par nécessité* (aus Noth) *pour trouver notre salut* » (66). Quelle différence avec Jacobi : le sérieux de la spéculation qui remonte à la source éthique est fondé par l'angoisse et la misère. C'est autre chose que la désinvolture intelligente de Jacobi. Un texte confirme cette assertion : « On pourrait admettre qu'il existe trois niveaux du savoir : celui de l'innocence, celui de la culture, celui de la perfection. Le premier niveau du savoir est l'état de nature en lequel l'homme s'abandonne

66. GA. III, II, p. 392-393.

à l'expérience sans ratiociner. Nous ne prétendons pas qu'un tel état se présente dans l'histoire. Dans la deuxième époque du savoir humain on ne veut plus se fier au témoignage des sens et l'on expose ce doute avec un intérêt particulier ; de ce fait on travaille à une philosophie et l'on est sur la voie. La troisième époque, en laquelle la philosophie existe effectivement, est celle où *l'homme grâce à la philosophie revient à la croyance en l'expérience ; l'humanité est alors reconduite à son point de départ* » (67). La philosophie est pour la croyance comme retour au monde et à son fondement : la liberté. Nier la philosophie, comme le veut Jacobi, prétendre subjuguer la liberté par une autorité douteuse, c'est se tromper d'époque et d'orientation. Les formules peuvent bien se superposer. Le thème lancinant de Jacobi était : « Nous naissons dans la foi » (68) et plus généralement « L'élément de toute connaissance et de toute activité humaine est la foi » (69), ce qui selon Jacobi suppose « un saut périlleux » en lequel on se détourne de la raison (70). Jamais Fichte ne l'a admis. Lorsqu'il écrit : « Nous naissons tous avec la foi », il ne pense pas comme Jacobi à un Dieu *extérieur (ens extra-mundanum),* même pas à un ordre *subtantiel* des consciences, mais à un Dieu *intérieur* à chaque conscience dans la vie pure (71), conçue non point comme chose, mais comme saisie à l'intérieur de la *Vernunftglaube* (72). Tel est le sens de la vérité. – Aussi bien, « puisque » la vie « cesse d'être un jeu sans vérité ni signification, je dois songer à l'éducation » (73), à la réalisation du droit

67. GA. IV, I, p. 193 (*Vorlesung ueber Logik und Metaphysik* SS 1797, §. 25).
68. Cf. A. Philonenko, in *Qu'est-ce que s'orienter dans la pensée ?* Commentaire.
69. Jacobi, WW, Bd. IV, p. 223.
70. Jacobi, Ibid, p. 59. L'expression juste est « *salto mortale* ».
71. Fichte, *Nachgelassene Werke,* Bd. III, p. 392-393.
72. Fichte ne dissocie pas foi et raison.
73. SW. Bd. II, 257, 271, GA. I. VI, p. 260, 271.

privé, public et international (74), intervenir intellectuellement et par ma force sur la nature, par exemple en asséchant les marécages (75), répandre l'instruction (76), modeler en général la nature afin que je comprenne que le libre-arbitre statique n'est rien et que *« Je dois être libre »* (77). Si quelque chose me lie c'est ma liberté comme aspiration à l'infini.

Sans doute Fichte ne s'en tient-il pas là. Cette aspiration infinie n'a de sens et de vérité que si le monde sensible est dominé par un monde intelligible, synthèse des esprits, dans le sens bien compris d'un *ordo ordinans.* Nous avons évoqué le problème du temps et de l'éternité. Mais il se résout dans l'espace du principe de fonction (le principe de substantialité étant écarté) de la manière la plus heureuse. *Agir,* ce qui fut toujours l'idée fichtéenne centrale, est déjà appartenir au monde supra-terrestre : « Je n'ai pas besoin d'attendre, pour obtenir l'accès du monde supra-terrestre, d'être arraché aux liens qui me rattachent au monde terrestre. J'y suis et j'y vis dès maintenant avec plus de vérité que dans le monde terrestre. Il est dès ce moment, mon unique point d'appui solide et la vie éternelle, dont j'ai pris possession depuis fort longtemps, me fournit la seule raison qui me pousse à continuer encore ma vie terrestre. Ce qu'on appelle le ciel n'est pas situé par delà la tombe, notre nature en est dès ici-bas enveloppée de toutes parts, et sa lumière se lève en tout cœur pur » (78). Mais l'ordre terrestre et l'ordre supra-terrestre s'entrecroisant en moi, je ne peux plus dire que je suis absolument mortel. Il n'y a pas de fin au devoir, d'autres vies sensibles « peuvent encore m'être réservées » (79). Pour le devoir

74. SW. Bd. II, 274, GA. VI, p. 273.
75. SW. Bd. II, p. 268, GA. I. VI, p. 268.
76. SW. Bd. II, p. 271, GA. I. VI, p. 271.
77. *« Ich soll frey seyn »,* SW. Bd. II, p. 282. GA. I. VI, p. 279.
78. SW. Bd. II, p. 283, GA. I. VI, p. 280.
79. SW. Bd. II, p. 285, GA. I. VI, p. 285.

je *suis* immortel et par le devoir j'atteins non seulement la réalité, mais son fondement dans la foi qui chasse la métaphysique dogmatique. Le monde sensible dépend de la foi et celle-ci est une seule et même chose avec l'Idée de la loi du monde spirituel (80). Mais enfin il y a un grand secret (das grosse Geheimniss) dans le monde intelligible. Ne parlons plus de mort, je suis éternel. Mais l'autre l'est aussi. Nous formons une communauté, où chacun préserve dans son devoir, une pluralité intersubjective. Cette communauté réciproquement produite, puisque pour la détruire il faudrait le mal et *l'amour du mal,* alors qu'aucun homme, pour se servir de la terminologie kantienne, n'est *diabolique* (81) et n'aime le mal pour le mal, – cette communauté indestructible est le grand mystère. On conçoit la synthèse de l'association chez Kant par exemple. En revanche la synthèse des personnes, donc des libertés est la réalité insondable (82). On ne peut faire appel à un Dieu lointain – il n'y a que des esprits qui s'engendrent. La nature est alors réhabilitée comme terrain des esprits appelés au devoir : « Le soleil se lève et se couche, et les étoiles disparaissent et reparaissent et toutes les sphères décrivent leur orbite ; mais ni les uns ni les autres ne reviennent tels qu'ils étaient lors de leur disparition, et même dans les sources lumineuses de la vie il y a progrès et vie. Toute heure qu'ils amènent, chaque matin et chaque soir, apportent au monde une prospérité nouvelle ; une nouvelle vie, un nouvel amour tombent goutte à goutte des sphères comme les gouttes de rosée tombent des nuages et enveloppent la nature comme la fraîche nuit enveloppe la terre » (83). Enfin au terme de ce livre intense la mort est saisie. C'est vrai, le monde sensible connaît

80. SW. Bd. II, p. 295. GA. I. VI, p. 290.

81. Kant, *La Religion dans les limites de la simple raison,* AK. Bd. VI, p. 37 et ed. Naar-Gibelin, p. 21. SW. Bd. II, p. 276. GA. I. VI, p. 275.

82. SW. Bd. II, p. 316. GA. I. VI, pp. 306-307 : « undenkbar und unbegreiflich ».

83. SW. Bd. II, p. 317. GA. I. VI, p. 307.

la mort. Mais si j'éprouve profondément le sens du devoir « la mort est le fil conducteur qui permet aux yeux de mon esprit de se glisser vers une nouvelle vie que je vivrai, vers une nature qui sera mienne » (84). Fichte peut enfin donner la conclusion de la *Bestimmung des Menschen* : « Ainsi je vis et ainsi je suis immuable, ferme et parfait pour toute l'éternité ; car cet être n'est pas un être extérieur, adventice, c'est mon être propre, un et vrai, c'est mon essence » (85).

Nous n'ajouterons pas de commentaires. Sauf peut-être celui-ci. Fichte a tenu ses promesses dans cet admirable écrit de philosophie populaire qui contient sa doctrine entière et la réfutation la plus brillante de l'accusation d'athéisme.

84. SW. Bd. II, p. 318. GA. I. VI, p. 308.
85. SW. Bd. II, p. 319, GA. I. VI, p. 309.

CHAPITRE V

LES CHEMINS DE LA SPECULATION

La *Destination de l'homme* résolvait comme on l'a vu le problème de l'éternité dans son rapport réciproque avec le temps en développant simultanément dans une forme populaire les principaux acquis de la Doctrine de la Science en totalité. Rien n'était renié, même si tout n'était pas éclairci. Fichte soucieux de sa tranquillité plus que de la gloire et confronté à l'épreuve pénible de l'indifférence pouvait développer ses recherches spéculatives. Deux choses sont étranges. L'une est que refusant de se renier il a quand même remis cent fois l'ouvrage sur le métier et a protesté contre l'idée si répandue parmi ses rares lecteurs qu'il avait connu de nouveaux chemins, et surtout changé son système. On ne compte pas après 1800 le nombre des exposés de la Doctrine de la Science – une dizaine. Mais on retient deux moments : *Die Darstellung der Wissenschaftslehre* de 1801 et *Die Wissenschaftslehre* de 1804 (1). Que dire des leçons ou exposés de 1805, 1807, 1810, 1812 ? Peut-être ceci : ce sont des exposés qui tendaient à la perfection, mais qui ont échoué

1. De la W-L, 1804[2] Fichte écrit à Jacobi : « Je crois la Doctrine de la science achevée par mon dernier travail... et ne m'être jamais élevé à un plus haut degré de clarté discursive », GA. III, V, p. 236. – 31 mars 1804. En ce qui touche la W-L 1801-02 il écrit : « Je n'ai rien fait d'autre pendant presqu'un an que de mettre ces recherches à l'épreuve par les voies et par les côtés les plus divers ; et je suis toujours revenu bon gré mal gré, à ce que j'avais trouvé huit ans plus tôt dans l'ancien exposé, que j'avais oublié ». GA. III, V, p. 52. – 21 mai 1801, lettre à Schelling.

ou plutôt qui n'ont pas atteint le niveau des exposés de 1801 et 1804 (2). C'est moins Fichte qui a changé que ses lecteurs. Mais en second lieu les exposés les plus importants ont été mutilés par les soins du premier éditeur : le fils de Fichte lui-même. C'est ainsi que l'excellente traduction italienne de la W-L de 1801 par A. Tilgher n'a qu'un défaut, celui de suivre un texte tronqué, ordonné en §.§. et qui ne sont point correctement annoncés. Il est vraisemblable que Fichte a rédigé une première version pour son auditoire, puis après l'exposé, s'est appliqué à composer une seconde version (3). R. Lauth a parfaitement décrit la difficulté et en collaboration avec P.K. Schneider présenté la bonne version qu'on doit se refuser à dater de 1801 seulement ; il est plus convenable de parler d'une W-L, 1801-1802. Pour la W-L de 1804 les choses sont encore plus complexes et nous ne possédons que l'édition d'études publiée par R. Lauth et non la présentation « diplomatique » promise dans l'édition de l'Académie de Bavière. Il en résulte que les interprétations de Fichte jusqu'en 1977 se sont fondées sur des textes nullement présentés diplomatiquement et qui ne s'élevaient pas même au niveau d'un *Studium-Text*. C'est très embarrassant. Par exemple dans la W-L, 1801-02 Martial Gueroult repérait vingt synthèses. Cette puissante et brillante reconstruction ne peut plus être conservée, même si elle procure de vives lumières sur telle ou telle connexion. M. Gueroult n'a peut-être commis ni une erreur, ni une faute – mais il faut dire qu'il a appliqué son génie à un texte que nous savons peu sûr. A quoi il faut ajouter les fautes de

2. On peut éviter la difficulté en exposant comme l'a fait L. Pareyson (*Fichte Il sistema della libertà*, Milan, 1976) le système selon l'ordre des matières. J. Dreschler, *Fichtes Lehre vom Bild*. Stuttgart, 1955 qui croit à une ascension jusqu'à la fin n'est guère convaincant et susceptible d'être accusé de psychologisme.

3. *Darstellung der Wissenschafltslehre*, – Aus den Jahren 1801/02, édité par R. Lauth, PHB, Bd. 302, F. Meiner, 1977, p. XVII.

lecture dans le manuscrit du propre fils de Fichte. Or quand il s'agit de textes aussi difficiles une simple faute, par exemple *Substanz* à la place de *Subjekt*, peut entraîner les pires difficultés et les contre-sens les plus sévères.

I. Les exposés de 1801-02 ne furent pas publiés du vivant de Fichte. Ils furent prononcés à titre de conférences devant un auditoire restreint et nous ne savons pas grand'chose des travaux pratiques (Konservatorium) où après la leçon Fichte s'exprimait plus librement. En outre ces documents sont-ils sûrs ? Voilà l'abîme que rencontre l'interprète de Fichte. C'est l'inconvénient de toute philosophie qui se répand par la voie orale. Mais secoué par l'accusation d'athéisme Fichte entendait ne pas livrer de matière supplémentaire à l'Inquisition. – En outre on observe un glissement déjà amorcé dans la W-L *nova methodo* de 1798 : la Doctrine de la science s'identifie de plus en plus à la fondation de la Doctrine de la science. La philosophie première, fondement, prend une orientation un peu prévisible, Fichte s'attachant avec force à fonder le fondement en lui conférant une exactitude plus relevée. Il ne renie pas les applications de la Doctrine de la Science, que sont la théorie du droit, de la morale, la philosophie des sciences établie par Kant comme l'Esthétique. Toutefois ce refus de renier n'implique pas qu'on s'attache toujours à la même méthode. Dans la *W-L 1798 nova methodo* Fichte avait déjà insisté sur ce point : « Il existe plusieurs méthodes pour traiter synthétiquement une matière : 1. Ou on part d'une nouvelle contradiction qu'on cherche à résoudre en admettant ceci, puis ceci... etc. Cette méthode ou procédé est suivie dans la Doctrine de la Science éditée (1795)... C'est la plus difficile et c'est la raison pour laquelle elle n'a été comprise ni du public ni de certains étudiants de ce moment. 2. C'est une autre méthode... que nous suivons ici » (4).

4. GA. IV, II, p. 107.

La méthode peut varier – moins que Fichte ne le donne à penser – mais quelle que soit la démarche retenue il est impératif de bien distinguer psychologie et doctrine de la science. Quelle que soit sa forme, son orientation, ainsi fondation de la fondation du système considéré en sa totalité, jamais la démarche fichtéenne ne peut être psychologique sans risquer de tomber dans le subjectivisme dont on a vu combien il lui répugnait. Certes le système qu'on choisit dépend de ce que l'on est comme homme (5). Mais ce choix ne signifiait nullement selon Fichte une vertigineuse dégringolade de la philosophie dans l'autobiographie comme le lui reproche H. Cohen (6). Il faut lire ainsi ce propos : il y a des hommes qui savent qu'ils sont hommes, donc libres, appelés à la réflexion et des hommes qui ne sont pas libres et qui s'abandonnent au réalisme le plus grossier qui les dispense de réfléchir. Quand, obéissant à la loi du devoir, je choisis la philosophie de la liberté, je me destine à la réflexion. Mais cette réflexion elle-même n'est ni subjective, ni psychologique : elle possède sa nécessité interne et idéaliste. A cet égard le début de la W-L 1801-02 est exemplaire dès que l'on a dépassé le petit discours préliminaire. Au lieu de partir d'une manière un peu confuse comme tant d'autres philosophes traitant de la sensation, Fichte dans un dialogue indirect pose la question de savoir ce que fait, pense et reconnaît le lecteur tandis qu'après avoir construit un angle il le ferme par une droite, élaborant ainsi un triangle. Le lecteur qui a construit cet angle est-il sûr d'avoir élaboré un triangle et s'il en est sûr est-il sûr que son opération vaut pour tous les êtres raisonnables ? Il va de soi que « Le lecteur assure en conséquence de l'acte de représentation opéré posséder *un savoir* » (7). En ceci nul subjectivisme,

5. GA. I, IV, p. 194.
6. H. Cohen, *Kants Begründung der Ethik*, 2e ed. Berlin 1910, p. 191.
7. W-L 1801-02, p. 10 (ed. Lauth).

même si ce point de départ est très différent de celui choisi en 1794-95. La description si importante de l'opération de tirer la ligne *(Das Ziehen einer Linie)* souligne le mathématisme de 1802 (8). On retrouve dans la W-L de 1804 d'une certaine manière la même dimension mathématique. A première vue ce n'est pas aussi clair, mais comme l'a montré avec une admirable précision J. Widmann la W-L de 1804 répond à la recherche axiomatique de Hilbert (9). On peut établir des principes indépendants, suffisants, non-contradictoires. Widmann écrit : « La doctrine de la Science de Fichte propose dans un sens moderne un système rigoureusement axiomatique » (10). Il n'y a donc rien à reprocher à Fichte lorsqu'il prétend donner la solution de l'énigme du monde avec l'évidence mathématique. Et c'est une lecture superficielle qui seule peut substituer au mathématisme le subjectivisme.

II. Deux observations s'imposent. La première est bien entendu la construction selon la règle de la synthèse quintuple. Il faut bien remarquer que la quintuplicité est une donnée antérieure à la philosophie comme on le sait depuis son repérage dans la *« Vallée des Amants »*. La quintuplicité pénètre tout – même l'œuvre poétique de Fichte (11). Aussi une objection est-elle concevable. On peut se demander quelle est la valeur ontologique et heuristique de la quintuplicité. Or Fichte n'a pas hésité à la décrire à la fin comme la loi de toute pensée cohérente justifiant par là-même suivant la démarche rétrospective du vrai un donné antérieur à la constitution générale de la W-L. La seconde observation porte sur l'élaboration propre de la W-L. Nous avons

8. On sait l'importance de cet acte chez Kant et H. Cohen, *Kants Begründung der Erfahrung* (3e ed. Berlin, 1918) p. 414.
9. Cf. Meschowski, *H. Wandlungen des mathematischen Denkens.* Braunschweig, 1956, p. 56.
10. J. Widmann, *Die Grundstruktur des transzendentalen Wissens*, p. 27.
11. A. Philonenko, *Sonnet de Fichte traduit et expliqué*, Revue de Métaphysique et de Morale, 1975, nº 3, p. 319, II.

pu jadis présenter la systématique interne de la première W-L 94-95, essentiellement dans l'enchaînement des synthèses et notre orientation sur ce point ne fut guère contestée. Nous montrions comment une synthèse se développait en moments suivant la règle de la quintuplicité et comment ces moments se décomposaient eux-mêmes. Cette systématique est devenue toujours plus complexe et la W-L de 1804 est en ce sens décourageante. La genèse, c'est-à-dire la production de la conscience en soi et pour soi dans l'évidence génétique, s'appuie sur quatre modes et sur seize termes fondamentaux (12). Les possibilités de la combinatoire générale sont de l'ordre de 0 à 15 pour chaque terme, par exemple la conscience, le fait, la lumière, le concept, la liberté. Nous nous trouvons devant des textes d'une difficulté insolente. Nous pouvons repérer une synthèse qui s'exprime par $\sqrt{25} + 2^3$ et cela donne deux solutions, $+ 5 + 8 = 13$ et $- 5 + 8 = 3$. Le *Parménide* de Platon et l'*Ethique* de Spinoza apparaissent comme jeux d'enfant à côté de ces textes extraordinaires. Et alors se pose une question vraiment décisive. Devons-nous considérer que Fichte a voilé la profondeur de sa pensée philosophique (qui peut-être n'était pas tellement grande !) par le développement d'un art incomparable de la combinatoire ? Plus simplement encore est-il plus virtuose que créateur ? Le mouvement génétique en son affreuse complexité n'est-il que l'orchestration majestueuse d'une mélodie assez pauvre ? Mais à cette question sévère s'en joint une autre. Ne devons-nous pas dire que comme métathéorie des sciences (par principe et par définition si l'on se reporte à l'écrit programmatique de 1794) la W-L doit être aussi la métathéorie de la mathématique et de la logique ?

12. J. Widmann, op. cit., p. 287 sq et p. 39, du même, *Johann Gottlieb Fichte*, p. 83 sq. et p. 79 la section 6 en entier, *Zum « mathematischen Verfahren » der Wissenschaftslehre*. Le Dr. J. Widmann nous a adressé le 15.10.83 une très longue lettre que nous espérons avec son accord publier dans une Revue philosophique ; elle apporte des éléments justificatifs nouveaux sur le problème.

Et ceci revient à dépasser le conseil de Kant refusant d'unir mathématique et philosophie, afin de se préserver d'un faux « constructivisme ». Encore faudrait-il pour répondre à ces questions avec prudence et sagesse et avant de décider que Fichte n'est que le virtuose d'une mélodie assez pauvre et simple, se demander si le pauvre ou le simple coïncident nécessairement avec le *facile*. Parce que toutes choses bien considérées l'extraordinaire virtuosité de la W-L veut en son orchestration résoudre un problème simple, mais difficile : qu'en est-il du savoir ?

Mais si une telle combinatoire existe – compte-tenu de la terminologie changeante, mais aussi de l'enchaînement perpétuel dans la fondation du fondement – les difficultés indiquées seront aiguisées. Nous poserons en thèse que le problème du temps et de l'éternité est résolu dans la *Bestimmung des Menschen ;* nous poserons aussi que l'Etre en tant qu'Etre dans la philosophie première de Fichte n'est jamais un être mort et que, par exemple, le savoir de l'Etre, quelle qu'en soit l'approche systématique, n'est jamais savoir d'un être mort, mais vivant qui se réfracte à travers toutes les couches de ce qui est, ne trouvant sa limite qu'en la confusion et la perversion de l'esprit fini croyant n'être qu'un morceau de lave dans la lune et ne concevant en l'Etre en tant qu'Etre que la substance spinoziste, modèle d'une pseudo-philosophie opprimant la liberté ; enfin la métaphore de l'œil ainsi que celle de la lumière doit sans cesse être lue comme image de l'évidence (13). La raison humaine pure doit (soll) retourner en soi – en ce retour, qui ressemble à l'Odyssée, il faudra, appuyée par la combinatoire, ne pas s'égarer dans les chemins de l'impossible et du contradictoire. Ceci laisse à supposer deux choses. En premier lieu l'annulation d'une voie possible, ferme *more geometrico* l'entrée de nombreuses voies dès lors impossibles qui se rattachaient

13. Cf. *Sonnet de Fichte, traduit et expliqué,* RMM, 1975, n° 3.

à la première. Si, par exemple A 1 est réputé impossible, A 2, A 3, ... A n + 1 le seront aussi. La combinatoire n'aura donc pas une infinité de possibilités inconsistantes à examiner. Les principes méthodologiques de Fichte, si proches de ceux de Hilbert, enveloppent en eux-mêmes une autolimitation et la W-L peut se clôre. En second lieu la W-L, comme on l'a vu en 1794-95, doit toujours comporter une section dialectique – précisément l'annulation des possibilités trompeuses, qu'il faut désigner par le terme de *Phénoménologie* au sens de Lambert (14). Ce mouvement phénoménologique (dialectique) est ce qui unifie méthodiquement les trois grandes versions de la W-L : 94-95, 1801-02, 1804.

III. E. Cassirer, même s'il n'a pas développé la combinatoire – et nous ne pourrons mieux faire en ce mince ouvrage – a parfaitement vu sa valeur philosophique. On ne peut absolument pas ramener la W-L à une « construction » arbitraire fondée sur de purs éléments subjectifs. C'est seulement si avec E. Weil, très fidèle à Kant, on retient d'une part le calcul, d'autre part les éléments subjectifs, qu'on peut parler de « constructivisme » (15). En réalité la W-L est appuyée sur une combinatoire, une genèse de la pensée, qui elle-même comme genèse doit procéder à sa propre genèse.

Le principe fondamental qui met en œuvre les thèses proposées dans le paragraphe précédent est que le savoir est toujours liberté et en tant que tel pur acte qui se distingue de toute psychologie. Mais cette liberté qui rayonne lorsque la liberté est réfléchie en soi comme *esse in mero actu* est le savoir du savoir (16). Le savoir-de-quelque-chose n'est concevable que

14. J. Heinrich Lambert, *Philosophische Schriften*, Bd. II. *Neues Organon*, 2. Band, Hildesheim, 1965, pp. 218 sq.

15. E. Weil, *Problèmes kantiens*, Vrin, 1963, p. 37. Je force un peu le point de vue d'E. Weil mais le souvenir d'un entretien à Lille m'y autorise. On sait d'ailleurs que Weil reprochait à Fichte son « psychologisme ».

16. W-L, 1801-02 (ed. Lauth) §. 4 p. 15.

s'il abrite en soi le savoir du savoir. Ce savoir lui-même atteint au sein de la phénoménologie dialectique n'est jamais un syllogisme ou un raisonnement, mais une intuition dont Fichte souligne le caractère inébranlable. Par exemple je vois que l'acte de tirer la ligne est une pure synthèse. C'est ce que m'enseigne *meridiana luce clarius* la première partie de la genèse du savoir du savoir comme savoir absolu. *Je vois* cela et ce *voir* est la Doctrine de la Science elle-même dont Fichte souligne que comme intuition de l'unité (die Einheits-Anschauung) elle n'est pas autre chose de par sa pénétration pure que le savoir absolu. Il y a donc une intégration génétique qui tend toujours et partout à ramener la diversité à l'unité (17). Et l'on peut dire que la Doctrine de la Science est *esse in mero actu ;* on ne possède pas la Doctrine de la Science, on ne peut que l'*être*. Tel est le point de départ de la W-L 1801-02 qui illustre bien d'une part l'unité de l'acte et du dire si chère à Fichte et que d'autre part ne désavoue pas la W-L de 1804. Ces quelques propositions révolutionnent nos idées vulgaires de la liberté, de l'être et de la philosophie dont la tâche unificatrice est clairement définie (18). – On devine le reproche et l'objection qui seront inévitablement avancés. Si du savoir-quelque-chose, je passe au savoir absolu et de celui-ci à la réflexion dans la Doctrine de la Science, ne pourra-t-on m'objecter que je m'engage dans un *progressus ad infinitum ?*

A beaucoup d'égards cette objection n'est pas fondée. D'une part la combinatoire fondée sur une axiomatique précise assigne comme terme à la W-L l'exigence d'une cohérence qui, par l'examen de toutes les possibilités, se propose comme une totalité pure et close (19). Même la vision de l'Infini (Dieu) est un moment

17. Ibid, §. 18, p. 58.
18. W-L, 1804 (ed. Lauth), p. 7 sq.
19. L. Pareyson, op. cit., p. 338 (développement de la déduction du concept du fini).

structurel de la totalité (20). D'autre part jamais Fichte n'a prétendu que la diversité pouvait s'abîmer dans l'Absolu. La diversité peut être coordonnée dans l'évidence génétique – elle n'est pas, ce faisant, absolument supprimée, mais seulement dépassée dans sa manifestation en l'évidence factice (21). C'est particulièrement visible au début de la W-L de 1804 où Fichte présente un divers précis : celui des trois critiques kantiennes et assigne à celles-ci le niveau de l'évidence factice (22). Mais la Doctrine de la Science en dépassant la multiplicité dans l'unité opère une double opération : d'une part en la combinatoire elle élimine dialectiquement au point de vue phénoménologique les positions illusoires, par exemple (23) l'idéalisme supérieur de Hegel – mais d'autre part le sujet réfléchissant, par exemple l'homme auquel on demande de tracer la ligne, se transforme par la compréhension de son acte (24). Ceci implique des conséquences remarquables. Si la Doctrine de la Science est une genèse et non seulement un discours ne dépassant pas la « facticité », puisqu'elle prend conscience de soi dans l'élaboration génétique, elle se constitue d'une part comme Logique de la philosophie (25) et d'autre part comme genèse de la genèse, qui se sait comme telle, sans que par là soit décidé si la genèse comme pénétration du savoir (par soi ou *von sich* ou *causa sui,* lié au *Durch sich*) par lui-même possède immédiatement ou non un terme. Mais il est clair qu'une unité pure engendrée par le savoir et qui serait la *création* de cette unité conduirait directement à un idéalisme qui pour supérieur qu'il puisse être ne s'en dégraderait pas moins dans la fausse chimère de l'idéalisme subjectif.

20. Voir dans le Sonnet, déjà cité, les derniers vers. Une comparaison entre Fichte et E. Levinas (en partant de *Totalité et infini*) serait riche.

21. W-L, 1804 (ed. Lauth) p. 29. 22. Ibid, p. 30 et suiv.

23. Je dis *par exemple* car on pourrait citer d'autres cas ; sur Hegel, cf. G. Gurvitch, *Fichtes System der konkreten Ethik,* p. 44. note 3.

24. W-L, 1804-2 (ed. Lauth), p. 15.

25. G. Gurvitch, op. cit., p. 145.

Pour exprimer la diversité qui doit transcendantalement et non pas de manière transcendante être ramenée à l'unité Fichte se sert de l'expression

$$\frac{\text{A}}{\text{D S}} \quad \text{ou} \quad \frac{\text{Absolu}}{\text{Pensée/Etre}}$$

et on désigne par x le contenu de la *Critique de la raison pure,* par z celui de la *Critique de la raison pratique* et enfin par y la *Critique de la faculté de juger,* soit

A
/ · \
xyz S (Sein) – D (Denken). (26)

En fait la vraie difficulté concerne l'Absolu. Liée à l'évidence factice la philosophie kantienne est au sens philosophique un prétexte. Ce que Fichte reproche (injustement) à Kant c'est d'avoir posé comme autant d'absolu(s) le monde théorique, le monde moral, et enfin celui de l'individu et de l'organisation (27), comme autant de planètes situées en diverses galaxies (28). Il est tout à fait clair que ce reproche est plus pragmatique que théorique. Beaucoup de philosophes n'ont pas en effet pour un regard superficiel manifesté une tendance à l'unité. Oublions les difficiles explications de Kant voulant que la Critique soit aussi le système, il est clair que Fichte se borne à constater que l'œuvre transcendantale se déploie dans des horizons multiples, dont l'unité ne lui paraît pas évidente. Retenons seulement deux choses : *d'une part* à l'intérieur de la genèse Fichte prétend livrer les conditions de possibilité de la vraie unification en commençant par explorer toutes les possibilités de penser, en examinant toutes les opérations intellectuelles au sein d'un processus génétique (qui manque à la philosophie kantienne et à beaucoup d'autres et par exemple la genèse intérieure à la genèse,

26. W-L, 1804 2, p. 33.
27. Cf. ma dissertation : *Kant und die Ordungen des Reellen* in *Etudes kantiennes.*
28. W-L, 1804-2, Première conférence.

qui est en même temps philosophie et Logique de la philosophie), *d'autre part* le problème de l'absolu est capital comme source première dont tout dépend, l'être comme la pensée, et qui se caractérise très simplement par le fait que dans ma pensée *discursive,* l'Absolu peut être visé et même vécu, mais que sa transcendance radicale ne peut trouver en ma pensée son origine.

IV. En la genèse ma pensée n'est jamais plus qu'une reproduction de moi, ou plutôt une re-création. La prise de conscience de cette re-création du moi comme philosophe et logicien de la philosophie indique en creux l'Absolu (29). Ma finitude discursive m'interdit toute mystique. Je dois seulement reconnaître, sans le comprendre au sens cartésien, le rayonnement de la lumière absolue pour s'exprimer comme Dante (30). A ce point de vue la Doctrine de la Science est une philosophie du non-savoir. Dans la W-L 1801-1802 Fichte s'est exprimé avec une précision inégalée. « Que le lecteur conçoive tout d'abord *l'absolu,* comme son concept a été déterminé. Nous affirmons qu'il trouvera qu'il ne le peut penser que sous deux rapports. D'une part l'absolu est purement CE (was) qu'il est, reposant en lui-même absolument sans changement, ni variation, ainsi ferme, achevé et fermé en lui-même. D'autre part l'absolu EST ce qu'il EST, simplement *parce que* (weil) il est, à partir de soi et par soi, sans aucune influence extérieure, puisqu'au côté de l'absolu rien d'étranger ne subsiste et que tout ce qui n'est pas l'absolu s'évanouit » (31). Le sérieux de la raison consiste à reconnaître cette transcendance pure de l'Absolu, qui n'est en soi et pour soi nullement inspirée par

29. Hans Rademacher, *Fichtes Begriff des Absoluten,* Frankfurt am Main, 1970, p. 93 sq propose d'ingénieuses réflexions.

30. Dante, *La Divine Comédie,* Paradis, XXXIII, v. 124 et suivants (Vandelli, 922 sq).

31. W-L. 1801-02, p. 23. Dans sa version Lauth n'écrit pas toujours le mot absolu avec une majuscule, cf. p. 19 : « Das absolute ». Je conserve ici la minuscule ; en revanche les mots écrits en capitales le sont par moi.

une vision chosiste et réifiante. Fichte précise : « L'absolu n'est ni un savoir, ni un être ; il... n'est pas non plus indifférence de l'Etre et du Savoir, mais il est uniquement et uniquement l'absolu » (32). Nous pouvons imaginer (au sens vulgaire), mais jamais concevoir dans le double sens de *Denken* et *Erkennen.* Rapprocher Fichte de toute philosophie de l'émanation serait contredire son appréhension savante et calculée. Nous ne pouvons ici entrer dans le détail de la description systématique du savoir absolu, qui comme savoir absolu possède un être *(esse in mero actu),* mais il est clair que l'Absolu est une infinité vivante que nous pouvons seulement intuitionner (et ce terme n'est pas adéquat). Nous ne pouvons pas plus définir l'Absolu que nous ne sommes capables de saisir l'essence pure de notre liberté qui est parce qu'elle est et sans laquelle la genèse et la genèse de la genèse (la transformation de notre être, entendue comme *Bildung* dans la genèse de la W-L) sont inconcevables. Que nous puissions orienter notre liberté vers le devoir, nul ne le niera. Mais cette orientation pré-suppose l'essence intime et inexplicable de la liberté et cette essence nous ne pouvons que l'intuitionner sous la forme de l'idéal du *Sollen.* Ainsi l'homme est suspendu entre l'Absolu et sa liberté. Il n'y a là rien que de très kantien. Dans une peinture un peu naïve Kant disait que la nature avait été sage en nous refusant la vision de Dieu dont la Majesté nous eût terrifiés et dans la *Doctrine du droit* il regardait la création d'êtres libres comme un inexplicable mystère (33). Dans la *Doctrine de la Science,* je ne pourrai donner un sens à l'Absolu comme à la liberté sans une médiation dont il faut mesurer les limites. Le moment médiateur est la lumière. La lumière est d'abord le *voir,* comme activité intelligente, puis, forçant un peu les termes, on peut dire – que c'est le concept-

32. W-L. 1801-02, p. 19.

33. *Critique de la raison pratique,* Dialectique, sect. IX. *Doctrine du droit,* §. 28, note 1.

qui-se-fait (et le concept tout fait doit être nié) (34). Esprit en acte la lumière est liberté et en tant que telle elle est l'intuition intellectuelle, qui unifie l'Etre et la conscience (35). Mais ce pouvoir médiateur, qui justifiera les significations et se développera dans la genèse possède ses limites comme la liberté de l'homme. Si elle favorise l'auto-pénétration et la synthèse progressive du divers, sa médiation n'est pas infinie et l'Absolu n'est intégré que sous la forme d'un moment infini et infiniment incompréhensible. C'est pourquoi nous adhérons avec réserves à la thèse de Widmann. Il a parfaitement raison de citer l'Evangile selon saint Jean (8, 12) : « Moi, je suis la lumière du monde ; celui qui me suit ne marchera pas dans les ténèbres, mais il aura la lumière de la vie » (36). Il est vrai que la lumière est médiatrice, il est vrai que Fichte l'envisage religieusement, il reste que la médiation de l'esprit fini ne peut se comparer à celle du Saint de l'Evangile.

Mais il y a autre chose. Sans doute la lumière n'est pas un être mort ; mais elle est comme lumière pure (reine) *être absolu* ou raison absolue en soi (37). Nous avons vu qu'il y a un être du savoir, *esse in mero actu*. Celui-ci est intérieur à la genèse et même à la genèse de la genèse (la W-L). Il s'ensuit que la genèse (malheureusement assimilée par G. Gurvitch à la dialectique hégélienne) est en même temps finie et infinie : finie parce qu'elle ne peut atteindre l'Absolu, infinie car la lumière comme être du savoir est liberté et enveloppe en soi un *Sollen*. Que si avec Hegel on se contente de la raison absolue, on perd l'Absolu, tandis qu'on se trouve obligé de remodeler, en un sens

34. J. Widmann, *Die Grundstruktur.*, p. 56. Widmann tisse un rapport extrêmement fin.
35. WL. 1801-02, p. 41 sq.
36. J. Widmann, *Die Grundstruktur.*, p. 57.
37. Je comprends ces équivalences comme G. Gurvitch, op. cit. p. 49.

mystique (38), le concept de l'infinité et de la finitude dans la « bonne infinité », qui n'explique rien et surtout pas elle-même. De plus on perd la fusion des catégories spéculatives et des catégories éthiques à l'intérieur de la W-L comme genèse de la genèse et logique de la philosophie (39).

V. Un bon philosophe italien a justement commenté le propos : *Pleine lumière, pleine obscurité* (40). C'est vers le rayonnement de l'Absolu, rayonnement si total qu'il n'est plus de vision conceptuelle concevable, que tend Fichte en 1801 et 1804. La *Philosophia prima* devient alors théologie négative. En un sens les mots nous manquent et de ce fait nous trahissent : ainsi il serait inconvenant de réputer irrationnel ce qui passe notre raison. De celle-ci Fichte dit : « La pure lumière elle-même n'est pas absolue » (41). En revanche l'Absolu ignore toute négation et toute limite.

Ici se fonde l'aspect le plus sombre de la genèse : son irrémédiable facticité. Déjà en la genèse il y a médiation, autopénétration du Soi fini et infini, dialectique du *Durch* et du *Von,* en un mot : construction et construction à l'ombre de l'Absolu qui ne se construit pas. La genèse est bien un *Sich-Machen,* mais limité, simplement par le fait qu'une genèse est nécessaire : « Par conséquent la vie génétique de la raison que nous avons décrite en posant l'existence absolue de la vision... n'est pas encore l'existence originaire et absolue de la raison » (42). Chacun de nos pas est plutôt une

38. Cf. I. Iljin, *Die Philosophie Hegels als kontemplative Gotteslehre,* Bern, 1946, pp. 189-190 (Sur ce point l'édition russe n'apporte pas d'autres éléments, même si Iljin a résumé son ouvrage dans son texte allemand).

39. Sur la coïncidence formelle de la Logique de la philosophie et des catégories éthiques résumées dans le *Sollen* (le « devoir » au sens fichtéen comme projet de moi par moi, cf. A. Philonenko, *La liberté humaine dans la philosophie de Fichte,* p. 338) cf. G. Gurvitch, op. cit, p. 143.

40. A. Consentino, *Temps, Espace, Devenir, Moi, Les sosies du néant,* Paris, 1938.

41. W-L, 1804, p. 131. 42. Ibid, p. 270.

reconstruction. Reconstruction sévère, mais bornée. Fichte va même jusqu'à définir la W-L par l'identité du fait et de la genèse (43). On peut entendre en deux manières cette thèse finale. Tout d'abord il faut se souvenir que jamais Fichte n'a oublié le propos de Jacobi : « sans la chose en soi on ne peut entrer dans le système kantien, mais si l'on admet il faut en sortir ». Or la W-L prétend échapper à cette alternative et cela dès le début tandis qu'elle distingue l'évidence factice et l'évidence génétique. Elle s'épuisera à réduire l'évidence factice pour aboutir à ce fait : l'Absolu ne peut être cherché hors de l'Absolu et c'est alors qu'il faudra dire « que le fait est genèse et la genèse fait ». Réalité et Idéalité s'entrecroiseront en ce point. Le fait n'est compris que par la genèse et sans le fait la genèse est une genèse à vide. – Mais il faut en ce sens évoquer un autre principe : la projection *« per absolutum hiatum »* (44). Cette notion est d'une rare difficulté. Dans tous les cas elle indique l'énergie de la conscience comme savoir purement savoir et bien que ce soit une très mauvaise interprétation on peut en débutant l'assimiler à l'intention qui porte la conscience vers les choses, traversant un *hiatus* en lui-même irrationnel. Mais cette notion connaîtra des transformations tout au long de l'exposé de la W-L de 1804. Ajoutons deux déterminations supplémentaires et complémentaires. D'une part la projection *« per absolutum hiatum »* se révèle dans la re-construction de la conscience et ainsi est atteinte la conscience qu'il y a conscience (45). D'autre part toute projection est catégorique comme acte qui pose quelque chose sans principe. La W-L 1804 s'épuise à dominer la *« projectio per hiatum »* (46)

43. W-L, 1804, p. 227 (par conséquent ici *facticité* et *genèse* se confondent) et surtout pp. 269-270.
44. J. Widmann, op. cit., p. 83.
45. M. Gueroult, *Evolution et Structure de la Doctrine de la Science,* T. II, p. 121 sq.
46. W-L, 1804, 147 sq, 161, 165, 167, 169, 179 sq, 217, 237 sq, 240 sq, cf. aussi 157, 159.

en lui assignant des principes capables de réduire sa facticité, car on ne peut tolérer des affirmations absolues (donc arbitraires – j'affirme catégoriquement que ceci est cela, sans raison). Mais comme le remarque M. Gueroult, projection et connaissance sont dans un rapport réciproque. Le résultat synthétique de ce rapport est le *Soll,* racine de la Logique de la philosophie comme Doctrine de la Science. Et finalement, écartant les projections spontanées dans leur catégoricité, la W-L, réduisant les erreurs dialectiques, parvient à l'équation du fait et de la genèse qui pose les limites de la Doctrine de la Science. Ce qui subsiste alors au terme de la combinatoire est la juste fonction de l'Infini *dans* la totalité de la W-L accomplie en soi.

En fait le savoir ne peut se dépasser lui-même, et pourtant c'est seulement par la projection qu'il se dépasse, et la fonction génétique en la limitant sous ses diverses formes (déterminées par les synthèses qui fixent un degré de réflexion correspondant par exemple à l'idéalisme supérieur) se trouve être une *critique.* Nous retrouvons sous une forme extrêmement raffinée les leçons de la W-L de 1794-95. A cette époque l'examen faisait depuis le début du §. 4 surgir génétiquement des affirmations catégoriques – les systèmes philosophiques – et les réduisait, dans une critique de la raison pure spéculative, à un moment ultime où genèse et facticité coïncidaient dans le fait – idéel ultime autorisant l'élaboration de la W-L en général. La technique se trouve être la même. La genèse est une critique et la critique une genèse, si bien que l'idéalisme subjectif est toujours rompu (47). Même si l'usage de la technique peut paraître différent – en raison de la manière dont est posé le problème de l'Absolu (par exemple en 1794-95 genèse et critique coïncident dans le dévoilement de l'imagination transcendantale, et en 1804

47. G. Gurvitch a parfaitement vu que l'auto-négation du concept n'était que la négation de l'idéalisme subjectif éthique tournant au solipsisme moral. Op. cit., p. 174.

la genèse de la genèse, la W-L, se poursuit jusqu'à indiquer un point ou facticité et genèse sont inséparables (48), et le rapport à l'absolu fixé dans une théologie négative – ce n'est qu'une impression superficielle. Jamais la conscience, la raison, la pure lumière, l'intuition intellectuelle, en un mot le savoir absolu ne peut poser l'Absolu et sortir ainsi théoriquement de soi par soi et pour soi. Il faut quelque chose de plus : en 1794-95 le choc du Non-Moi, en 1801 l'anéantissement du concept devant l'Absolu, en 1800 dans *La destination de l'homme* la croyance. Schopenhauer qui comme tout le monde croit que Fichte enseigne l'idéalisme subjectif pense que le seul argument là-contre est une douche froide (49). Mais Fichte non seulement n'enseignait pas l'idéalisme subjectif, mais encore en a apporté, ce qui était tout-à-fait inédit, une réfutation logique absolument cohérente, au sein d'une genèse critique tendant à l'unité des régions de l'Etre. – Kant dit que le mathématicien qui sait la valeur d'une formule appréciera son effort dans la formulation de la morale. De même le philosophe critique appréciera l'*unité* transcendantale génétique critique du savoir comme tel. Ce n'est pas sans raisons que Fichte entendait fonder en pleine lumière, en remontant aux derniers principes, la philosophie transcendantale.

VI. Qu'est-ce donc que la W-L ? (50) Nous le saurions avec plus de précision si nous avions pu envisager tous les moments polémiques – par exemple dirigés contre Bardili et Schelling. Nous retiendrons seulement la dispute avec Spinoza. Dans la W-L 1801-02 Fichte ne s'enferme pas dès l'abord dans la conception traditionnelle opposant panthéisme et acosmisme (51). Il accorde

48. W-L, 1804, p. 227, 269-270.

49. Alexis Philonenko, *Schopenhauer, une philosophie de la tragédie*, p. 36.

50. Je laisse de côté le problème de la W-L *in specie*, c'est-à-dire l'ensemble des démarches accomplies quand on la regarde du point de vue de son aspect extérieur.

51. Cf. *Qu'est-ce que s'orienter dans la pensée ?* de Kant et mon commentaire, p. 17 et 92.

à Spinoza tout ce qu'il peut lui accorder. On trouve chez Spinoza une substance absolue comme chez lui et qui peut être décrite chez l'un et l'autre par une pensée pure. Fichte ne tient pas compte du fait que Spinoza « sépare » arbitrairement la substance « en deux modifications » qui sont l'Etendue et la Pensée. Pour Spinoza et lui-même – et Fichte souligne sa générosité – on peut dire que le savoir fini (das *endliche* Wissen) est accident de cette substance pour autant qu'il enveloppe vérité et réalité et ce savoir est un accident absolument déterminé par l'Etre lui-même (Seyn). Ainsi, comme Fichte, Spinoza reconnaît la synthèse suprême et absolue de la subtantialité (52). Mais là où la W-L se sépare de l'Ethique c'est dans la détermination du rapport ou plus exactement du point de passage de la substance à l'accident. Selon Fichte Spinoza ne pose pas la question et de ce fait l'accident cesse d'être un accident : jusqu'où va la substance ? quand commence l'accident ? La remarque est la même pour les modifications et le principe de Spinoza fonde un système ouvert où l'infini ne trouve jamais sa détermination comme in-fini à partir d'une totalité close. Spinoza ne fait pas ce qu'il dit. Il dit qu'il n'y a aucune limite et ne cesse d'en poser puisque le mode n'est pas le mode infini, ni ce dernier l'attribut qui n'est pas la substance. Il exerce sa liberté formelle en distinguant là où il affirme qu'il ne peut distinguer. Plus simplement Spinoza commet la faute irréparable d'exercer sa liberté comme liberté de la raison à titre de philosophe et de ne pas l'insérer comme un moment dans le processus *more geometrico*. Il voit le cercle que trace le compas ; il oublie la main qui manie l'instrument. Dès lors dans le cercle de l'Ethique la substance s'étend à tout et les moments du geste qui distingue les moments dans le tracé sont éliminés (53).

La Doctrine de la Science se dégage de cette contradiction qu'on peut ramener à l'opposition de l' « unitisme » et du dualisme. Elle est unitiste au point de vue

52. W-L, 1801-02, p. 113. 53. W-L, 1801-02, p. 114 sq.

idéal : au fondement de tout savoir il y a l'Un éternel et l'ἓν καὶ πᾶν se comprend par ce qui est ἐπέκεινα τῆς οὐσίας. Mais en revanche par rapport au savoir réel, posé comme tel, elle est dualiste. Le seul mouvement de la liberté absolue prouve qu'elle n'est pas tout et que la pure pensée ne saisira jamais l'un transcendant dans un savoir factice. Parce que la pensée se sait par liberté elle sait ce qui lui échappe par définition. Dans ce flottement (schweben) la W-L, philosophie du savoir, ne s'abîme jamais, comme le spinozisme, dans une tendance unitaire, inconsciente de son opération. Spinoza dit : *« Homo cogitat »* et Fichte dit « Moi je suis la W-L » (54).

Mais nous allons rencontrer une grande difficulté. L'ultime synthèse montre comment le Savoir transcendantal, fondé en *réalité* sur la liberté éthique absolue (Prinziplosigkeit des Soll, *Hiatus*), ne fonde *en réalité* le savoir ordinaire, que parce que le Verbe, l'Infini pénètre en lui. Fichte exprime ces rapports par le mot *Bild* et ses dérivés (Bildung, das Bilden als Bilden, Urbild, Nachbild). La difficulté tient à ce que d'une part Fichte emploie finalement assez peu cette notion, qui deviendra capitale, dans les deux grandes W-L, 1801-02 et 1804 et d'autre part, mais surtout en ce que la langue française ne peut pas exactement reproduire le sens allemand (55). On pourrait dire que comme chez Descartes je suis image de Dieu pour autant que j'accomplis la genèse et l'auto-genèse. Mais ce ne serait pas juste vraiment. Sans qu'il soit question de subjectivisme le *Bilden* qui n'est pas seulement l'acte consistant à forger une image est l'opération *énergique* et *volontaire* qui me constitue comme savoir absolu ou science. L'*image,* traduction correcte de *Bild,* n'exprime pas cette puissance intérieure qui fait de la W-L (et de

54. W-L, 1804, par exemple, p. 257. La pensée n'est jamais chez Fichte abolie dans le neutre.

55. Sur l'étendue du concept de Bild en 1804, cf. J. Widmann, *Die Grundstruktur...*, p. 180. En général, cf. J. Dreschler, *Fichtes Lehre vom Bild.*

moi par conséquent) un être qui « se fait ». Le *Bild als Bild* qui se découvre une loi de constitution *(Gesetz des Bildes)* non seulement anime la W-L, mais encore lui procure sa vie à partir de l'Absolu, le Verbe, vie qui est existence *(Dasein),* mais que celui-ci pénètre par la médiation de la loi de constitution. L'énergie de la *Bildung* m'élève comme étant la W-L jusqu'au point absolu où c'est le Verbe qui pose mon existence. Ainsi se réalise la Vie immuable de l'Absolu (son auto-pénétration) et pour l'homme la possession de cette connaissance est la jouissance de la Vie divine, ou la béatitude (56). Ce qu'il y a de plus intéressant est que l'opération philosophique, précisément parce qu'elle est une *œuvre* énergique n'est pas, de ce point de vue encore, une mystique. Elle est *Bildung :* formation, culture, inconcevable sans l'opération de la liberté. – Fichte disait déjà en 1797 qu'un système philosophique n'est pas un instrument *mort* dont on pourrait se servir ou non selon le bon plaisir, mais qu'il est animé par l'esprit de l'homme qui le possède (57). La Doctrine de la Science comme *philosophia prima* est la philosophie vivante en et par moi et c'est l'idée fondamentale de la théorie de l'image (Bild, bilden, etc). Ainsi est préservée la primauté de la raison pratique, car sans la liberté agissante le processus est inconcevable (58).

Dans les dernières pages de la W-L Fichte écrit : « Quiconque est monté ne s'occupe plus de l'échelle » (59). Nous sommes-nous assez préoccupés de l'échelle ? Certes non ! Nous aurions dû nous appliquer à la structure « Wenn soll... so muss ». Par exemple si nous supposons que la lumière ou la vision est, alors il y a nécessairement vision, mais comment définir le nous qui suppose ? En gravissant l'échelle et en

56. Cf. M. Gueroult, op. cit., T. II, p. 189.
57. GA, I, III, p. 195.
58. Cf. M. Gueroult, op. cit., p. 187, 139.
59. W-L, 1804, p. 254.

l'intégrant ! (60) Mais comme la médiatité du poser (61) dans la première W-L, la structure « Wenn soll... so muss » n'a pas seulement un sens philosophique (résoudre une difficulté, celle posée par le sujet de la supposition) mais encore une signification au niveau de la Logique de la philosophie : réfléchissant sur elle-même la W-L se trouve être à elle-même sa propre théorie. Du même coup elle acquiert sa transparence interne et s'élève de sa certitude à sa vérité. Pour qui voudra bien y réfléchir tous les procédés de la W-L relèvent de la philosophie et de la Logique de la philosophie, de telle sorte que se développant la W-L s'intègre comme un œil regardant au fond de soi.

Remarque. Nous avons commenté l'effort spéculatif de Fichte guidé par deux idées : l'une était d'associer la W-L, 1801-02 et la W-L, 1804, l'autre de ne point tenir compte de la seconde partie de la W-L, 1801-02 qui ne touche pas à la *philosophia prima,* mais au développement du Savoir en cinq synthèses (A-E). Résumons le contenu de ce texte d'après R. Lauth. Le point de départ est le résultat de la réflexion ultime constituant le savoir absolu : la déterminité de la liberté comme acte de quantifier par l'Etre absolu. De la quantitabilité jusqu'au monde de la nature et au monde spirituel le savoir est conduit à travers ses formes principales. Il était difficile de traiter cette question sans exposer les idées de Schelling. Cf. X. Léon, *La philosophie de la nature contre la théorie de la science,* in *Fichte et son temps,* T. II, 1, p. 332-369. Deux idées sont à retenir. L'une particulièrement mise en lumière par R. Lauth est que la Doctrine de la Science enveloppe une théorie catégoriale de la nature dans

60. W-L, 1804, p. 255 sq.

61. Voir dans ma *Liberté humaine dans la philosophie de Fichte* le commentaire de la médiatité du poser, §. 72 et suiv. Remarquons que la médiatité du poser n'est pas vraiment différente de la structure : « Wenn soll... so muss ».

la mesure où dès 1795 dans le *Précis* (in. *Oeuvres choisies de philosophie première*, ed. A. Philonenko, Vrin, 3e ed) elle indique les actes transcendantaux présupposés pour la compréhension d'une nature ; la seconde idée, évidemment suggérée par la *Destination de l'homme* est que la nature n'est pas fin en soi, mais instrument de la moralisation de l'homme. Il va de soi que cette théorie n'est pas comprise dans la W-L de 1804 qui se borne à élaborer la fondation dernière du fondement. Mais on peut et l'on doit la considérer, comme la théorie de l'éthique ou du droit, comme sa conséquence logique.

CHAPITRE VI

LA RELIGION DANS LES LIMITES DE LA DOCTRINE DE LA SCIENCE

En 1801 et plus encore en 1804, dans la recherche systématique d'une fondation du fondement, usant des notions les plus raffinées, mais aussi, pour les simples lecteurs, d'une abstraction redoutable, Fichte avait mis en œuvre sa dialectique. La W-L de 1804 demeura longtemps inconnue et on s'expliqua mal certains aspects de l'*Initiation à la vie bienheureuse* de 1806. L'œuvre en certains endroits rédigée d'une manière très poétique fut mal comprise. D'une part on devait l'entendre comme une polémique finalement dirigée contre Schelling et plus particulièrement sa dissertation sur *Philosophie et Religion.* Il y avait certainement du vrai en ceci. D'autre part l'*Anweisung zum seligen Leben* reposait évidemment sur les recherches de 1804 qui étaient demeurées inédites. Incapable de voir l'unité profonde de la pensée de Fichte depuis 1794-95 on devait mal comprendre le titre, et dès le point de départ l'œuvre s'exposait à des incompréhensions.

I. L'*Initiation à la vie bienheureuse* – désormais désignée par *Anweisung* – repose directement sur l'idée ultime de la W-L 1804 qui ne peut être que le Verbe, la Vie infinie, dont le savoir absolu se sait comme étant l'image, le *Bild.* Telle est, en effet, la détermination de l'Absolu – détermination qui s'inscrit dans la ligne des trois grandes W-L, mais qui en un sens ne convient pas, tant il est vrai que la terminologie n'est jamais que terminologie abusant de sa fixité. Mais cela posé la vie de l'Absolu, atteinte à partir d'un procès génétique unifiant le divers, ne peut être, par principe, que bienheureuse, de même que la W-L comprise comme une genèse de la genèse. Le seul sens convenable de l'expression : « s'élever vers Dieu » – ne peut être que l'existence (Daseyn und Bilden). L'initiation proposée par Fichte n'est pas autre chose qu'une *Introduction à la Doctrine de la science* et c'est pourquoi la religion se subsume naturellement sous la Science (1). Pour mieux marquer cette orientation dès les premières pages de l'*Anweisung,* Fichte souligne que l'expression de *vie bienheureuse* enveloppe une apparence trompeuse ; il n'y a pas de vie qui soit vie sans être *ipso facto* bienheureuse (2) et la mort n'est pas autre que malheureuse parce qu'elle est la mort. La vie authentique est donc identique à la béatitude et puisque la vie finie, mélange de vie et de mort (apparence) doit se purifier, elle ne peut y parvenir qu'en retrouvant le Verbe.

Les difficultés commencent ici. *Premièrement* – dès lors que l'exposé appartient à la philosophie populaire sans cesser de présupposer la W-L en sa pureté dernière, il est clair qu'il ne peut *« prouver »,* mais espère seulement être « compris » (3). Seulement entre la preuve et le comprendre, puisqu'on part de la philosophie pour y introduire, le procès génétique ne sera pas totalement exclu (4). Certes on peut envisager une genèse dialectique et phénoménologique : « L'exposé *scientifique,* déclare Fichte, dégage en effet la vérité de l'erreur qui lui est opposée sous toutes ses faces et dans toutes ses déterminations, et, en

1. SW, Bd. V, p. 472. 2. Ibid, Bd. V, p. 401.
3. SW. Bd. V, p. 422.
4. SW. Bd. VI, p. 507 : « *Jede gute Beschreibung* aber soll genetisch seyn... ».

détruisant comme erronées et impossibles selon une pensée correcte les opinions qui s'y opposent, montre la vérité comme subsistant seule une fois celles-ci enlevées et par conséquent comme la seule juste possible ; et c'est en cette élimination de ce qui s'oppose à la vérité et cette épuration de la vérité tirée du chaos où vérité et erreur sont confondues que consiste la caractéristique propre de l'exposé scientifique. Celui-ci nous fait donc assister à la *naissance* de la vérité, se *dégageant* sous nos yeux d'un monde plein d'erreur. » (5). Telle est en effet la structure des grandes W-L, 94-95, 1801-02, 1804. Ce qui va faire défaut dans l'*Anweisung* d'un point de vue méthodique ce sera l'examen exhaustif des pseudo-possibilités. Au lieu d'être dialectique la genèse sera linéaire. Elle sera appuyée sur la genèse transcendantale, et plusieurs fois Fichte dira qu'en tel point son discours fait appel aux plus profondes vérités. De là un incontestable malaise que M. Gueroult (6) n'a que trop bien su exploiter. – *Deuxièmement* – il ne faut pas se cacher que regardée du point de vue religieux orthodoxe, la doctrine fichtéenne paraît curieuse. On relèvera au moins trois points. D'une part Fichte s'explique longuement sur le mysticisme (7). Il consent à qualifier sa doctrine de mystique à la condition qu'on en inverse le sens : car sans parler beaucoup de la forme de l'accusation de mysticisme, devenue une insupportable formalité, il est clair que dans l'idée de mysticisme on n'a en vue que des mots sonores et rien de précis (8) ainsi qu'une peur devant la pensée : le ventre passe avant (9). « Ce sont des mystiques ou plutôt des fanatiques à l'envers qui prétendent cela » (10). Et Fichte, digne successeur de Rousseau, comprend cette inversion que la

5. SW. Bd. V, p. 422.
6. M. Gueroult, op. cit., T. II, p. 204 sq.
7. SW. Bd. V, p. 427 sq.
8. SW. Bd. V, p. 427.
9. SW. Bd. V, p. 428 : « ... denn es existirt nichts denn zuvörderst der Bauch ».
10. SW Bd. V, p. 429 : « der Fanatismus des Verkehrtheit ».

W-L doit inverser. La philosophie s'est perdue et le miracle qui permet de redresser le monde est la W-L elle-même qui restitue à la pensée sa place. « Nous sommes, déclare Fichte, les vrais successeurs des Anciens » (11). « Notre doctrine n'est ni neuve, ni paradoxale. Parmi les Grecs, Platon prend la même voie. Le Christ de Jean dit tout-à-fait la même chose que nous enseignons et démontrons » (12). Voilà une assertion étonnante et qui en dit long sur le respect qu'imposait à son auteur la W-L. Le second point concerne la définition préliminaire de la religion : « La religion ne consiste pas, contrairement à l'opinion courante à *croire* – estimer et admettre par ouïe-dire et sur l'assurance d'autrui, parce qu'on n'a pas le courage de le nier, qu'il existe un Dieu ; car ceci est une superstition qui tout au plus complète une législation, mais laisse l'intérieur de l'homme aussi mauvais qu'auparavant et souvent même le rend pire, parce qu'il crée ce Dieu à son image *(weil er diesen Gott sich bildet nach seinem Bild)* et en fait un nouvel appui de sa corruption. Mais la religion consiste à voir, avoir et posséder *(dass man... anschaue, habe und besitze)* Dieu directement en notre propre personne et non en une autre, au moyen de notre propre œil spirituel et non celui d'un autre. Or ceci ne se peut que grâce à la pensée pure et indépendante ; car cela seul fait de nous une personnalité » (13). Nous savons bien que Fichte se défie de la terminologie, mais il ne veut pas en écartant le terme de croyance désavouer *La destination de l'homme.* Son objectif précis, en présence de l'accusation de mysticisme, dont on a vu l'immense perversion au niveau de la signification, fut de parer aux confusions. Mais du même coup et c'est là le dernier et troisième point, dès que la définition de la religion passait si peu que ce soit du côté de la

11. SW. Bd. V, p. 425. 12. SW. Bd. V, p. 424.

13. SW. Bd. V, p. 418. Je cite le texte allemand pour montrer que selon Fichte lui-même il y a un *Bilden* qui égare.

pensée, l'ouvrage de Fichte, entendu comme vulgarisation, semblait s'interdire le chemin de la religion chrétienne et principalement la dogmatique pour ne rien dire de l'exégèse fondamentale. Le vrai savoir religieux en effet, selon Fichte est l'unité absolue de l'existence humaine et divine. Ce savoir, le Christ fut le premier à en avoir *connaissance* (en supposant que telle soit la connaissance du Christ). L'émergence de ce Savoir dans l'histoire est un moment absolu, inexplicable selon Fichte qui dans l'*Anweisung* pour relier la pensée et la foi dans et par le Christ s'en tient aux versets les plus abstraits des Evangiles (14). Fichte a toujours eu la conscience de ce qu'on peut appeler le point zéro et il a voulu découvrir dans le Christ un moment que rien ne pouvait annoncer. Apparition miraculeuse en ce monde le Christ « n'est pas parti de quelque question spéculative », « il ne tenait pas davantage sa doctrine d'un enseignement extérieur et d'une tradition », « Jésus ne tenait sa connaissance ni de spéculations personnelles, ni de communications venues de l'extérieur... il la tenait purement et simplement de sa seule existence » (15). En un mot : le Christ fut le premier homme bienheureux, c'est-à-dire vivant et conscient de l'Etre. Mais pour l'entendre il faut se débarrasser des idées reçues dans le judaïsme et le paganisme. C'est que l'idée de création implique quelque chose d'arbitraire, qui ne saurait être accepté dans la pensée et par conséquent ne saurait que nier la vie et la vie bienheureuse puisqu'il n'est de vie authentique que bienheureuse et de béatitude que synonyme de vie. Sur ces trois points, la définition du mysticisme et le statut de la W-L, la préférence donnée à la pensée sur la croyance, enfin l'étrange conception du Christ concevable sans l'idée de création, la deuxième difficulté de l'*Anweisung* est manifeste encore (16). Enfin *troisième*

14. SW. Bd. V, p. 486 sq.
15. SW. Bd. V, p. 570, cf. aussi, p. 420, 482.
16. SW. Bd. V, p. 479.

difficulté. Dans la cinquième conférence de l'*Anweisung* Fichte définit cinq points de vue sur la réalité, comme on l'a déjà vu, mais il faut y revenir à la lumière de notre développement présent : I – Le premier point de vue est celui qui confond les choses-en-soi et les phénomènes, II – Le second point de vue consiste à concevoir « le monde comme loi d'ordre et de droit égal dans un système d'êtres raisonnables » (17). C'est le point de vue de Kant. Evoquant dans quelques lignes le début de la W-L et pour montrer que la problématique de l'intersubjectivité a été résolue, Fichte écrit : « Nous, pour notre part, nous avons signalé, développé et nous en sommes convaincus, énoncé non sans énergie cette conception du monde non point sans doute comme la plus haute, mais comme le point de vue qui fonde un droit et une morale lorsque nous avons traité de ces deux disciplines » (18), III – Le troisième point de vue est celui de « la vraie moralité supérieure » (19). On peut penser – mais ce n'est pas évident – qu'il s'agit des écrits de la période 1799-1801, où Fichte disait que la création (Schöpfung) était le point de vue du savoir absolu (20) et assimilait le pur moralisme et la W-L (21). IV – Le quatrième point de vue est celui de la Religion. On ne discutera pas la valeur sentimentale et poétique de la Religion ; mais Fichte situe sur le plan de l'*évidence factice* la Religion (22). V – Le dernier point de vue est celui de la Science comme genèse et genèse de la genèse, c'est-à-dire la W-L de 1804. – Que Fichte ait voulu présenter son système selon le schème de la quintuplicité, on n'en disconviendra pas, suggérant seulement que l'application ne laisse pas de susciter de graves embarras. Il faudrait lire, par exemple, dans le premier point de vue l'anti-W-L : le spinozisme, et on ne voit comment l'intégrer dans la synthèse quintuple qui a l'étrange caractéristique d'être simplement linéaire

17. SW. Bd. V, p. 466. 18. SW. Bd. V, p. 467.
19. SW. Bd. V, p. 469. 20. W-L, 1801-02, p. 78.
21. W-L, 1801-02, p. 79.
22. « ... und für / die W-L / wird genetisch, was für die Religion nur ein absolutes Factum ist ».

et ascensionnelle. Ceci est difficile : il n'y a pas entre-détermination des moments, mais pur dépassement. Mais le point très embarrassant est la détermination de la Religion comme évidence factice. D'une part il est clair que l'évidence factice de la Religion doit se supprimer dans l'évidence génétique de la W-L et cela en un double sens : seule la spéculation peut comprendre la religion et le philosophe doit en pure logique découvrir en lui-même un nouveau point zéro, car il est le *premier* à pénétrer l'enseignement du Christ (23) ; voilà ce que c'est que d'affirmer que la religion se subsume naturellement sous la W-L – mais d'un autre côté puisqu'elle est science transcendantale la W-L n'a pas pour vocation de nier le fait religieux, mais de le justifier en sa réalité ; et par là on rejoint une perspective plus proche de la philosophie populaire, puisque la religion demeure un moment indépendant. Il est évident toutefois que la succession des cinq points de vue, la genèse littéraire de l'*Anweisung*, éclaire en cet endroit la troisième difficulté de l'œuvre flottant entre la spéculation absolue et la simple compréhension transcendantale.

II. La vie si elle est vie est plénitude et la plénitude est béatitude. Donc vie signifie béatitude et réciproquement. La réalisation de la vie est l'accomplissement en soi-même de la vérité du Christ pénétrée par la W-L. L'*Anweisung* est donc une introduction à la W-L – la seule réserve qu'on doit faire à son sujet c'est précisément qu'elle n'est qu'une introduction *(Einleitung)*. Ces propositions posées il convient de s'interroger sur quelques problèmes.

A – Entre la mort (le malheur) et la vie (la béatitude), il y a une frange indécise : l'apparence (Schein) qui unit sans les unir la vie et la mort (24). Sans doute dans ce qui fait l'apparence en tant qu'apparence

23. On peut expliquer de la sorte la fin de la *Phaenomenologie des Geistes* de Hegel.

24. SW. Bd. V, p. 404.

et l'oppose à l'être authentique comme à la vie, il se trouve une racine qui est la mort. On le comprend mieux si l'on pense à l'Etre « simple, immuable, demeurant éternellement semblable à lui-même » (25). Mais il y a un sens ou plutôt un non-sens de l'apparence qui se glisse dans nos veines : nous aimons le contingent, le monde, le changement et nous ne vivons que de mort renouvelée. Le discours de Fichte est proche de celui de Pascal : nous finissons par aimer l'intervalle. Mais ceci explique deux choses. D'une part la religion est nécessaire pour nous purifier et nous conduire à l'Etre authentique. D'autre part si misérable que soit l'existence finie engluée dans l'apparence il subsiste en elle une nostalgie de l'Eternel *(Sehnsucht nach dem Ewigen)* (26). La traduction française est juste, mais ne rend pas assez l'idée de mouvement plus ou moins impliquée dans le « nach ». Cette nostalgie est en nous définitive ; rien ne peut l'extirper du cœur humain, qui, si cela était possible, cesserait d'être mauvais pour devenir diabolique. Malebranche disant que, dans son verre de vin, l'ivrogne aime encore l'Infini, ne dit pas autre chose et la pensée de Kant est loin d'être étrangère à cette conception (27). Comment faire de cette nostalgie une vivante aspiration ? – en rejoignant « l'élément, l'éther, la forme substantielle de la vie véritable... : la pensée » (28).

Or la pensée, si elle doit se diriger vers l'Etre, à travers et au-delà de l'apparence, implique d'une part un « unitisme », puisque l'Etre est la pure unité éternelle, mais aussi une prise de conscience du dualisme. Dans l'*Anweisung* cette opposition de l'Un et du divers peut apparaître à différents points de vue. Tout d'abord dans notre condition apparente, car notre être enveloppe, jusque dans la nostalgie de l'Eternel, un mélange d'unité (la vie) et de diversité (les

25. SW. Bd. V, p. 405. 26. SW. Bd. V, p. 407.
27. Cf. la Préface de M. Naar à *La Religion dans les limites de la simple raison.* 28. SW. Bd. V, p. 410.

apparences que nous recherchons). Ensuite on peut poser cette divergence à un point de vue subjectif dans notre rapport à l'Etre et par exemple *penser* l'Etre est reconnaître implicitement que la pensée de l'Etre n'est pas l'Etre. On retrouve ici les éléments de la critique du spinozisme dans la W-L, 1801-1802. Ils sont précisés dans les pages consacrées à la liberté, principe de l'énergie de la pensée et de la réalisation effective des cinq possibilités de la synthèse linéaire. Mais cet *Affect* de la liberté disparaît au fur et à mesure qu'on gravit la genèse linéaire. On passe enfin à l'*Affect* de l'Etre lorsque objectivement la vie se sublime dans l'amour authentique de l'Etre et se confond avec son flux infini. – Ces éclairages divers de l'opposition de l'Un et du multiple peuvent embarrasser sans interdire la compréhension (29).

B – « Le tout premier devoir de la pensée est de *penser l'Etre avec rigueur* » (30). La rigueur consiste d'abord à savoir qu'on peut bien parler d'un au-delà de l'Etre, mais que cet au-delà est déjà l'Etre, un Etre qui est de soi *(von sich selbst)*, à partir de soi *(aus sich selbst)*, par soi *(durch sich selbst)* (31). En second lieu la rigueur consiste à bien concevoir qu'à l'intérieur de l'Etre « rien de nouveau ne peut apparaître » (32). La théologie négative de la W-L de 1804 s'exprime ici avec force. Penser l'Etre, c'est penser qu'il est et qu'il est simplement ce qu'il est. La catégorie du *devenir* n'a aucune valeur dans la rigueur de la pensée de l'Etre. Enfin en réunissant les deux considérations on parviendra à « un Etre fermé sur lui-même, caché et absorbé en lui » (33). Et dans la rigueur philosophique je ne pourrais employer les mots *existence (Daseyn), manifestation (äusserung), révélation (Offenbarung).* Dans la rigueur il faut dire que Dieu n'existe pas, mais est,

29. M. Gueroult, *Etudes sur Fichte.*
30. SW. Bd. V, p. 438. 31. SW. Bd. V, p. 439.
32. Ibid.
33. Ibid.

ne se manifeste pas, mais est, ne se révèle pas, mais est.

Pourtant je dois considérer ma pensée qui se projette avec énergie vers Dieu et qui le posant *(idealiter)* se pénètre elle-même. Elle est en tant que telle l'existence de l'Etre (34). Si je pense : Dieu est, je suis l'Etre de Dieu en dehors de son Etre. Tout cela est clairement analysé par Fichte dans une réflexion sur la copule dans le jugement (35). Mais le vrai problème est l'origine de ma pensée et Fichte ne refuse pas de dire qu'il s'agit de ma liberté. La pensée est donc ce lieu en lequel viennent à l'existence l'Absolu et ma liberté. Mais quant à l'origine de cette liberté elle se situe en Dieu lui-même. C'est donc l'Absolu lui-même qui par ma liberté produit la pensée, entendue comme existence de l'Etre, de telle sorte que revenant à Dieu je reviens aussi à moi (36). Il en résulte la lecture suivante de la seule prière fondamentale : « Seigneur ! que ta volonté seule soit faite, et par là même la mienne aussi sera faite ; car je n'ai d'autre volonté sinon que ta volonté soit faite » (37). Toute autre prière est superflue, et il convient de préciser que Fichte indique en cette prière un « état d'esprit constant de l'homme vraiment moral et religieux », revenant sur la distinction kantienne de la prière et de l'esprit de la prière (38). Nul danger dès lors qu'on tombe en un quiétisme vulgaire repoussant l'espérance en tant que vertu théologale. Les valeurs de liberté, d'effort, même si elles doivent à la fin s'anéantir dans l'immersion de la vie absolue, sont conservées. C'est la liberté qui me permet soit de me perdre dans le divers du monde, dans cet amas de changements qui, au bout du compte ne sont rien, soit de gravir les points de vue distingués par la W-L. C'est pourquoi Fichte refuse de prolonger la prière en ajoutant : « sur la Terre comme dans les Cieux ». Le *Ciel* est une

34. SW. Bd. V, p. 441.
35. SW. Bd. V, p. 440.
36. SW. Bd. V, p. 442 sq.
37. SW. Bd. V, p. 522.
38. Kant, SW, AK, Bd. VI, 195.

superstition choséifiante, donnant à penser que par delà la tombe, il y aurait encore un autre monde, « un ciel de plaisirs matériels » (39). Mais d'un autre côté un monde, quel qu'il soit, n'est jamais qu'un instrument, toujours imparfait et au « Ciel » on pourrait se trouver « aussi mal qu'ici » et l'on penserait à une « troisième vie », « et durant la troisième [on se consolerait /AP/] dans l'espoir d'une quatrième et ainsi de suite à l'infini » (40) – d'un autre côté ce serait se forger une pensée impie et hédoniste en croyant que Dieu ne peut donner la béatitude qu'au moyen du milieu extérieur. Aussi la béatitude est à conquérir en nous par l'exercice vigoureux de notre liberté éthique, origine de notre pensée de l'Absolu qui est à l'origine de toutes les origines. « *Etre* libre ce n'est rien, *devenir* libre c'est le Ciel ». L'*Affect* de l'Etre est en relation réciproque avec celui de la liberté.

C – Il en résulte non seulement une réfutation déjà esquissée de l'idée de Création, mais encore de celle de l'existence éternelle. Si le Ciel est le devenir de ma liberté et rien d'autre, je n'ai pas à m'interroger sur une existence au-delà de la tombe. Bornons-nous à reproduire le passage de l'Evangile selon saint Jean et le commentaire de Fichte. Ch. XI, 23 : – « Ton frère ressuscitera ». Marthe qui avait justement la tête pleine de chimères juives, dit : je sais bien qu'il ressuscitera lors de la Résurrection au jugement dernier » – Non, dit Jésus : « Je suis la Résurrection et la Vie. Celui qui croit en moi, ne mourra jamais ». « Et celui qui vit et croit en moi, ne mourra jamais ». L'union avec moi donne l'union avec le Dieu éternel et sa vie, et la certitude de cette union ; de telle sorte qu'à chaque moment on a et possède l'éternité entière et n'accorde aucune foi aux phénomènes trompeurs d'une naissance et d'une mort dans le temps, et que l'on n'a nul besoin d'une Résurrection qui nous sauverait

39. SW. Bd. V, p. 521. 40. SW. Bd. V, p. 522.

d'une mort à laquelle nous ne croyons pas » (41). Dans ces citations l'*Anweisung* avec son commentaire se veut chrétienne, mais se trouve être aussi bien platonicienne. Ce n'est point la vie éternelle qui est une question – c'est la vie phénoménale composée d'apparences et que l'ineffaçable nostalgie de l'éternel qui habite le cœur humain ne cesse de troubler. L'unité de l'homme n'est point dans le déchirement de la vie phénoménale, mais dans la cohérence de la béatitude à laquelle il peut s'élever par le mouvement de plus en plus pur de sa liberté, et comme Dieu chez Rousseau est très puissant, mais non pas tout puissant – puisqu'il ne peut interdire qu'on l'aime (42) – de même chez Fichte Dieu, l'Absolu, le Verbe ne peut « vouloir anéantir » une liberté qui procède en son origine de lui (43). Du même coup, Fichte peut restituer une valeur ontologique au divers. Si je vois, par exemple, que le monde sensible n'est pas une fin en soi, mais un moyen pour m'élever vers la vie authentique qu'enseigne la W-L, il me sera possible de prendre ce monde *au sérieux*, non comme preuve de l'existence de Dieu, mais comme moyen d'agir, et ce faisant augmenter ma liberté et ma béatitude. Dans ce mouvement j'abandonnerai sans doute « ma propre individualité », qui, saisie en elle-même, n'est que mort. Mais dans mon individualité j'abdiquerai surtout mes caprices, ma vaine volonté et je deviendrai éternel dans la diversité, au fur et à mesure qu'en moi la volonté de l'Infini se substituera à la mienne (44). Fichte *sauve* les phénomènes en les orientant vers l'Invisible, la Vie absolue. Ce n'est pas Dieu qui est fait pour les mondes ; ce sont les mondes qui sont faits pour Dieu. – La dialectique de l'Un et du multiple, parfois exposée trop spéculativement, repose sur cette idée religieuse et morale

41. SW. Bd. V, pp. 486-487. Fichte suit la traduction luthérienne.

42. Alexis Philonenko, *Rousseau et la pensée du malheur*, vol. II, p. 114.

43. SW, Bd. V, p. 534.

44. SW. Bd. V, pp. 519-520.

majeure qui, confortée par la spéculation, n'en est pas moins la véritable introduction à la W-L.

III. Il serait injuste, même s'il s'agit d'une introduction à la W-L, de mettre exclusivement l'accent sur les difficultés spéculatives de l'*Anweisung*. Elles sont réelles ; M. Gueroult les a en partie explorées – compte-tenu de sa conception propre de la W-L (45). Au demeurant Fichte était le premier à les concevoir tandis qu'il soulignait, plus qu'en passant, qu'il parvenait aux plus profondes vérités philosophiques sans pourtant pouvoir les démontrer dans le cadre de l'*Anweisung* comme introduction *(Einleitung)*. Mais il faut en venir à l'idée d'amour, si largement utilisée par Fichte, pour rendre sa pensée.

Une première remarque s'impose. Fichte dénie au judaïsme toute compréhension des idées fondamentales et lui reproche d'avoir introduit des conceptions erronées : Marthe, dit-il, avait la tête pleine de chimères juives. Il repousse aussi, on l'a vu, la notion de création qui complique tout en séparant naïvement, mais combien brutalement, Dieu et l'homme. Cette hostilité au judaïsme n'est vraiment pas une idée nouvelle chez Fichte. Une note très violente dans *Les contributions destinées à rectifier le jugement du public sur la Révolution française* (46) l'atteste. Voici ce que dit Fichte. D'une part l'injustice des juifs envers nous ne nous autorise pas à être injustes envers eux, *car ce sont des hommes*. Mais d'autre part l'intolérance, la fermeture spirituelle des juifs est telle que pour éviter qu'ils ne constituent un Etat dans l'Etat, il faudrait par une nuit très miraculeuse leur accorder tous les droits du citoyen en leur coupant la tête et en en mettant une autre à la place. Alors il faut se protéger des juifs et le seul moyen est de conquérir le pays qui était

45. Aussi bien dans sa thèse *(Evol. et Struc. de la Doc. de la Science)* que dans ses *Etudes sur Fichte*.

46. Je rappelle que *Les Contributions* sont de 1793 !

leur ancienne patrie et « de les y envoyer tous » (47). Avec Léon Poliakov nous eûmes le plaisir de lire et de relire ce texte. Il m'apparaissait clairement qu'on ne pouvait réputer Fichte anti-sémite, au sens où l'entend désormais le monde moderne. Car il est manifeste que des juifs il dit : ce sont des hommes et nous devons respecter leur humanité. En revanche Fichte était un adversaire décidé du judaïsme – pensée intolérante, compliquant tout et avec laquelle il n'envisageait aucun dialogue sérieux. Kant est sans doute moins violent et sa sagesse nous servira de mesure. Dans *La religion dans les limites de la simple raison,* il ne veut pas voir en l'ancien judaïsme une vraie religion, mais une organisation politique, appuyée sur des rites statutaires incontestables (48). Fichte violemment opposé au judaïsme n'est donc pas un anti-sémite (49).

Seulement, seconde remarque, opposé au judaïsme, Fichte choisit dans les textes synoptiques. « Je considère, écrit-il, en particulier l'évangéliste Jean comme le seul qui enseigne le christianisme authentique » (50). Cela signifie d'une part que les trois autres évangélistes, Matthieu, Marc, Luc ne seront jamais cités – le Christ est venu, mais ils sont restés attachés au judaïsme. Cela signifie d'autre part que l'apôtre Paul et son parti, « auteurs du système chrétien opposé » (51) restèrent juifs à demi. Ce qui différencie l'évangile selon saint Jean – et Fichte s'y arrête longuement (52) c'est son début. Nous n'avons pas droit comme chez saint Matthieu à la Généalogie du Christ, Fils de David,

47. G-A, I, I, p. 293.

48. Kant, SW. AK. Bd. VI, p. 125 sq.

49. On se doute bien que les « philosophes » nazis (mais c'était difficile) devaient tenter de récupérer Fichte. August Faust (*J.G. Fichte,* in *Junge Wissenschaft im Osten,* Breslau, 1938, p. 42) dit en somme que pour être un bon national-socialiste, il ne manquait à Fichte que la théorie de la race. Entendez : il n'eût point dit des juifs : ce sont des hommes...

50. SW. Bd. V, p. 476.

51. SW. Bd. V, p. 476.

52. SW. Bd. V, p. 476.

Fils d'Abraham..., ni au récit de saint Luc, qui explique, historiquement, comment un sauveur nous est né, ni comme chez saint Marc à un raccourci abrupt. L'évangéliste Jean dans un propos très énigmatique use des pensées les plus reçues dans la métaphysique grecque : « Au commencement était le Logos et le Logos était près de Dieu *(o logos en pros ton theon)* et le Logos était Dieu *(theos en o logos)* ». Fichte ne déroge pas à la tradition exprimée ainsi : « Platon pour préparer au Christianisme ». Il a même, on l'a vu, expressément cité Platon. A partir de là tout devient extrêmement flou et compliqué. C'est que des théologiens aussi avisés que Nygren et K. Barth – dont nous ne pouvons que citer les conceptions – jugent ambigüe la conception johannique de l'amour que Fichte fait sienne. Le cadre hellénique permet de discerner des niveaux et des orientations. Dieu est amour, nous dit la doctrine johannique ce qui signifie d'une part qu'il nous aime et d'autre part qu'il s'aime. On ne sait s'il convient de mettre ici des « premièrement » et des « secondement ». Mais il est clair que pour Fichte Dieu s'aime dans le Verbe et il rejoint la métaphysique classique proclamant que Dieu s'aimant lui-même, il ne fait rien que pour sa gloire (53). Il peut nous aimer ensuite comme intrument de son amour (54). Mais sur un autre niveau, derrière ou devant cette métaphysique de l'*agapé,* il y a la folie de la croix qui manifeste un amour désintéressé pour nous. Que Dieu s'aime lui-même métaphysiquement parlant, il a de bonnes raisons pour cela et Dieu est *éros* : comment ne s'aimerait-il pas lui-même, puisqu'il est l'Eternel, l'Etre, le Verbe qui s'autopénètre, l'Absolu... ? Mais qu'a-t-il besoin de plus ? Et sa puissance étant si grande qu'a-t-il

53. Comme chez Malebranche et Leibniz, cf. F. Alquié, *Le cartésianisme de Malebranche* et ma dissertation sur *Leibniz et le Platonisme* dans Penser dans le temps, Lausanne, 1977. Nygren, *Eros et agapé,* Paris, 1944, vol. I, K. Barth, *Der Römerbrief,* Münich, 1922.

54. Leibniz, *Phil. Schrif.* Bd. VI, p. 145.

besoin du concours des hommes ? Et *cependant* non seulement il a besoin des hommes, mais en plus il les aime sans motif, sans raison, depuis toute une éternité. C'est la folie de la croix, l'étrange parole : « C'est Dieu qui vous a aimés le premier ». Or il est manifeste que Fichte ne retient que l'aspect métaphysique de l'*agapé* et la vie de l'homme dans son ascension vers la W-L comme théologie négative est seule retenue. Le but de l'existence comme image de l'Etre est un *sich Bilden* qui pourra, la finitude jamais méconnue, permettre à l'homme de participer à l'amour divin comme béatitude.

Mais cette pensée classique, inspirée par l'idée du Logos, se heurte à une difficulté. Fichte ne méconnaît pas évidemment la charité, comme amour et *dilectio* qu'on trouve aussi chez l'évangéliste Jean. Mais on peut se demander si cette conception ne suscite pas une grave difficulté. D'une part, puisque Fichte, comme on l'a vu, repousse l'idée de création au sens juif et se réfugie dans une philosophie du Logos qui implique que tout existant (comme *Daseyn*) soit le reflet de l'Etre et du même coup saisi en une éternité (55), d'autre part puisque l'effort de ma conscience pour se saisir comme conscience de l'Etre est pure intentionnalité, il peut sembler que l'auteur de la W-L soit contraint de déterminer la vie bienheureuse ou la béatitude comme mouvement éternellement amoureux de l'Etre ou encore plus justement comme pure contemplation. Tel est le danger auquel Fichte s'expose en repoussant l'idée de création et avec elle celles de naissance, de vie et de mort. Comment ne pas imaginer dans ces conditions que la vie phénoménale est si peu de chose – on devrait dire : si peu d'apparence ! – qu'il ne vaut pas même la peine d'en parler et que seule compte une totalité résumant en soi l'âme au sein d'une extase ? Ne serait-ce pas une reprise inconsidérée de la célèbre

55. SW. Bd. V, p. 464 sq.

pensée spinoziste : *sentimus experimurque nos aeternos esse ?* Reprise très grossière qui mettrait Fichte en contradiction avec lui-même puisqu'on ne comprendrait plus comment la pure contemplation peut laisser place à l'*action* à laquelle le philosophe a toujours aspiré.

Il existe toute une série de réponses à ce problème. La première est que la W-L comprend une série de niveaux. Nous avons exposé soigneusement les cinq conceptions du monde (55). Or Fichte, si l'on fait abstraction de la première conception, ne pense pas que les règles qui se dévoilent successivement s'abolissent dialectiquement. Elles s'intègrent bien plutôt et par exemple au niveau de la religion (comme introduction à la suprême version de la W-L) la philosophie de l'action fondée sur le devoir en 1794-95, demeure valable. On en pourrait dire autant de la théorie de la morale créatrice qui constitue la troisième conception. Aussi bien l'action n'est jamais abandonnée. Ce serait plutôt la contemplation qui s'y ajoute et l'anime plus profondément (56). On trouve là une bonne justification des formules à la fois religieuses et actives dont Fichte dans les *Discours à la Nation Allemande* se sert pour caractériser la vie et l'existence (57). – Une seconde réponse serait de nature apagogique. S'il est vrai que le refus de l'idée de création nous plonge en cet embarras, pourquoi ne pas considérer les contradictions inextricables en lesquelles nous conduit cette idée ? Ces contradictions sont psychologiques, théoriques et morales. Toute création suppose un Créateur. Doit-on se résigner à concevoir confusément un auteur du

55. SW. Bd. V, p. 464 sq.

56. Fichte souligne que « l'homme dans le cours habituel de la vie et en règle générale ne s'élève à une façon supérieure d'interpréter le monde qu'après s'être attardé un certain temps à une façon inférieure » (SW. Bd. V, p. 464). Mais il est clair que le mouvement ascensionnel retient ce dont il émerge et l'éclaire en lui procurant un plus ferme soutien.

57. SW. Bd. VII, p. 298 : « Dans les temps nouveaux l'éternité ne commence plus simplement au-delà de la tombe, elle pénètre jusqu'au milieu même du présent moment ».

monde, jamais saisissable en raison d'une obscure transcendance et tout juste bon à troubler l'esprit ? Telle serait la contradiction psychologique. Mais la contradiction théorique s'y ajouterait aussitôt : on devrait *prouver* l'existence Dieu et réfuter la critique kantienne. Enfin surgirait, au cas où avec Kant on retournerait de la pseudo-démonstration au postulat de la raison pratique, le problème moral : Dieu est-il vraiment cette obscure puissance transcendante, qui est plus justice et vengeance qu'amour ? (58) On sait assez que Fichte ne l'admet point : Dieu n'est que l'ordre moral du monde, la connexion des consciences, tournées toutes entières vers la réalisation de leur liberté, donc vie, effort et Paradis : « Etre libre n'est rien, devenir libre c'est le ciel ». Veut-on en nous imposant le Dieu-Substance, cet *être libre* parce que soustrait à toute nécessité et qui précisément pour cela n'est rien, nous ôter le Paradis de l'effort éthique ? On sent bien que la doctrine dans son ensemble est en jeu. On protestera que la W-L est une théologie négative et que en raison de cela même elle devrait se montrer plus souple, plus latitudinaire. Mais pour Fichte la théologie négative n'est nullement un argument propre à nourrir des rêveries enfantines. Sans doute l'Etre est simple, immuable, demeurant éternellement semblable à lui-même, et nous échappe comme le battement de notre cœur. Mais pourquoi vouloir réifier l'Absolu, lui assigner un lieu, alors que très certainement il est dans ce qui n'est pas un lieu, mais un fleuve – je veux dire notre vie ! On protestera encore affirmant que Fichte dilue la conscience divine dans une trame indécise de consciences mal enchaînées. Quelle erreur ! On en tient toujours pour le Dieu-chose. Mais Dieu est *ordo ordinans,* loi d'amour et de justice comme liberté, et regard comme ce qui voit et garde les êtres. Un

58. Le Dieu de Kant, comme on l'a souvent remarqué, ne laisse pas d'être le Dieu de la vengeance. C'est particulièrement net dans la section IX de la Dialectique de la *Critique de la Raison pratique.*

poème de Fichte vraisemblablement de 1802 exprime avec une grande plasticité sa conception et peut être cité à la fin de cette analyse de l'*Anweisung*. La poésie ne se laisse jamais traduire ; on excusera mes graves infidélités, mais il est juste qu'une œuvre d'amour se termine en un poème, surtout si celui-ci, comme on le verra aisément, détermine avec clarté en ses derniers vers le rapport intime de l'homme et du Dieu vivant.

D'où vient cette force, dont mon œil s'est empli,
Telle qu'elle dissipe toute difformité
Et les nuits en soleils radieux métamorphose,
Faisant du désordre naître l'ordre, et du mort la vie ?

En l'indécis tissage du temps et de l'espace,
Qui me conduit vers les fontaines éternelles
Du Beau, du Vrai, du Bien, purifiant mon élan fini
En une joie où il trouve son baptême ?

Un jour, j'ai laissé mon regard pénétrer dans l'œil d'Uranie,
La profonde, calme, claire, bleue et pure
Flamme de lumière qui par Soi s'éclaire.

Depuis repose au fond de moi cet œil
Et il est en mon être – L'Eternel
Dans ma vie *s'accomplit* et par mes yeux *regarde* (59)

59. SW. Bd. VIII, p. 461. Le texte manuscrit se trouve à la fondation Bodmer (Université de Genève). Visiblement Fichte a pris beaucoup de soin à écrire ce texte, qui on s'en doute fut préparé par des brouillons. L'écriture est curieuse : le philosophe n'a pas utilisé la gothique, mais la latine. Le tracé des mots est légèrement penché, relativement haut, très équilibré. L'ensemble procure un sentiment de force et de sérénité.

CHAPITRE VII

LE DRAME DE L'HISTOIRE

Nous avons, il est vrai de manière trop peu approfondie, esquissé l'unité des trois grandes W-L. Les obstacles terminologiques n'étaient pas insurmontables – il était plus délicat d'unir le temps et l'éternité, mais en se replaçant dans la mouvance de Fichte dès la *Bestimmung des Menschen* nous pouvions apercevoir une ligne directrice, compréhensible si l'on refusait de conserver au temps et à l'Eternité leur signification dogmatique. L'*Anweisung* si mal appréciée par Hegel (1), repoussant l'idée dogmatique de création refoulait la conception empirique du temps et de l'Eternité. Fichte pouvait dès lors établir une hiérarchie entre ses exposés. Mais à partir de 1805-1806 sa pensée paraît se disloquer dans l'horizon de la politique et sa philosophie de l'histoire s'abîmer dans une contradiction sévère bien qu'apparente. Bien qu'il soit nécessaire de distinguer entre le droit comme science rigoureuse et la politique comme application aléatoire, on est frappé du contraste saisissant entre les premières œuvres juridico-politiques de Fichte – ainsi les *Contributions destinées à rectifier le jugement du public sur la Révolution française* – et les écrits qui préparent les *Discours à la nation allemande.*

1. Hegel, SW (Glockner) Bd. XIX, p. 640. Hegel dit que dans la réforme par Fichte de son système dans les écrits populaires on a seulement vu s'établir une philosophie pour Juifs et Juives éclairés.

I. Fichte connaît trois réformes (ou révolutions) En premier lieu l'épanouissement du luthéranisme. Il citait déjà Luther dans les *Contributions* avec admiration. Ce n'est pas encore le lieu de l'expliquer, mais contentons-nous de dire que, selon Fichte, Luther fut le promoteur d'une réforme allemande achevée et parfaite (2). En second lieu Fichte distingue la révolution copernicienne et transcendantale. Kant a trouvé le fil conducteur et la Doctrine de la Science élaborée *à partir* de cet élément est parvenue à constituer la métaphysique comme science. En un sens ce fut un demi-échec selon Fichte lui-même et l'on verra très vite pourquoi. Enfin il y avait la Révolution française qu'en 1793 il avait si vivement défendue. Or là l'échec est total : Napoléon, l'*homme sans nom* comme Fichte le surnomme, a réussi à confisquer le moment révolutionnaire populaire et authentique. L'*imperator,* par mille ruses, est devenu un usurpateur au sens romain. La juste dictature est devenue tyrannie et Fichte va user bien des forces pour démasquer l'imposteur, sans jamais répondre avec la plus haute précision à la question de savoir comment un seul homme peut tromper et pervertir un peuple. Mais ceci explique bien des choses – en particulier le passage au pangermanisme si éclatant, car les Allemands sont vrais et Luther ne les a point pervertis. Il est évident que le philosophe comme individu peut protester, mais ces phénomènes de haute ampleur lui échappent ; il peut vouloir pour combattre l'homme sans nom, à défaut de manier le fusil, être prédicateur aux armées (3) et encore cette volonté serait-elle plutôt un vœu pieux mais ceci suppose sa philosophie de toute manière. Aussi dans le second des *Dialogues patriotiques* (Juin 1807) Fichte examine sa doctrine. Il reconnaît le début de sa renommée dans la confusion qui entoura la *Critique de toute révélation.* Pour le reste il confesse que quelle que

2. G-A, I, I, 255, 293, 325, 417.
3. X. Léon, *Fichte et son temps,* T. II, 2, p. 257.

fût la forme de son enseignement – *écrit :* les débuts, c'est-à-dire la première W-L de 1794-95 et la théorie du droit naturellement jointe à celle de l'éthique ou *oral :* les nombreux séminaires, les cours – il n'a pas été compris (4). Certes il est convaincu que la W-L en totalité abrite la vérité, mais il est le seul à le savoir. C'est une réussite scientifique qui est un échec public. Que peut faire le philosophe incompris ? Protester, certes ! Mais qui comprendra le sens de sa protestation ? Voilà le drame de l'histoire : elle expulse la philosophie comme discours intelligible. Corrélativement voilà le drame de la pensée : elle ne peut pas être assurée qu'une juste révolution ne sera pas confisquée. Chose malheureuse à dire : la philosophie de l'histoire ne sera jamais qu'une réflexion retournant au dedans de soi.

Deux observations semblent devoir être présentées. Quand Fichte nomme Napoléon l'homme sans nom (5) il ne veut pas vraiment à notre sens suggérer seulement une mise hors la loi religieuse pour ainsi dire, mais quelque chose de satanique. L'homme sans nom, c'est d'abord celui qui est à la périphérie du monde humain en ce cercle d'inexistence où gravitent sans règles les choses innommables. C'est l'absolu de l'excentricité, qui est tout autre chose que la bonne originalité. L'original peut être centre et au centre, l'excentrique est non-centre et étranger à tout centre. Or, si l'on veut bien ne pas quitter le terrain du bon entendement, Napoléon, l'homme sans nom, sans un nom qui le puisse dire, est en soi et pour soi un fait inconcevable : c'est l'excentricité au centre du monde. Et par exemple un homme vaniteux qui a su pervertir une juste révolution populaire et la confisquer. Dans le système intellectuel de Fichte ceci représente un contre-sens non seulement politique, mais encore mathématique. Il est clair qu'à partir de là on peut récupérer

4. *Nachgelassene Werke* (I. Fichte) Bd. III, p. 253-54.
5. Cf. in P. Ph. Druet, *Fichte* (Seghers) les pages consacrées à l'homme sans nom – traduction fine et précise, p. 213 sq.

toute forme d'anathème contre Napoléon. On peut souligner comment l'absurdité vivante qu'il se trouve être est le mal en soi, sa personne l'Antéchrist, puisqu'il est le seul disposant « des moyens pour réaliser l'Etat idéal » (6) et ne se servant de ce pouvoir puissant qu'à des fins personnelles (7). C'est le comble de l'inversion de l'éthique.

La seconde observation n'est pas moins importante. La thèse historique et philosophique européenne consisterait à voir pour le bien ou pour le mal en Napoléon un « homme providentiel » ou un génie (8). C'était la thèse romantique comme l'a bien vu Xavier Léon (9). Mais ce ne pouvait être une conception fichtéenne – et non pas seulement parce qu'il avait en sa jeunesse vécu pauvrement, mais parce que, en dépit de la hauteur extraordinaire de sa pensée, il était demeuré « peuple ». L'idée qu'un individu soit capable de mouvoir par

6. P. Ph. Druet, p. 116.

7. Je ne suis pas du tout d'accord sur le parallélisme psychologique que Druet trace avec beaucoup d'élégance et de finesse entre Napoléon et Fichte. Il l'avait déjà esquissé dans sa remarquable thèse demeurée inédite soutenue à Liège. Je discute moins la forme que le fond. Il est évident que des esprits aussi énergiques que Napoléon et Fichte pouvaient tenir des propos formellement assimilables – *Sic volo, sic jubeo.* En revanche, sur le fond, les opinions du Corse même vivement exprimées s'enracinaient dans un contexte éthique différent *toto coelo* de celui de Fichte. La juxtaposition des formules est en ceci vraiment périlleuse et peut conduire à des contre-sens dont le IIIe Reich ne s'est pas privé. On donne dans la confusion des genres et elle prend le manteau de la vérité. Druet s'en est, il est vrai, aperçu parlant de l'amour-haine de Fichte envers Napoléon – mais il a quand même voulu maintenir ce parallélisme psychologique.

8. Cf. Cölln qui, dans ses *Lettres confidentielles,* écrit (sans qu'on ait songé à lui en faire grief, tant son patriotisme était manifeste) : « Grandioses étaient, depuis dix ans, les plans du grand génie de Napoléon ; le voile n'est pas encore soulevé qui cache ses derniers projets. Mais, jusqu'ici, il a réalisé tous ceux qu'il avait formés » (*Vertraute Briefe,* Bd. I, p. 270, cité par Fr. Janson, *Fichtes Reden an die Deutsche Nation. Eine Untersuchung ihres aktuell-politischen Gehaltes* (In *Abhandlungen zur Mittleren und Neueren Geschichte, Berlin und Leipzig,* 1911) p. 44.

9. X. Léon, op. cit., T. II, 2, p. 108 sq.

l'épée les masses, transformer les grandes orientations culturelles et sociales lui était dans le fond étrangère ; la Doctrine de la Science elle-même en sa totalité n'est pas un commencement : c'est une invitation à penser, rien de plus et qui peut très bien ne pas être reçue, même si elle est profondément vraie. Par là même sont écartées toutes les conceptions romantiques touchant l'homme sans nom, qui n'est que ruse, dissimulation, mensonge à soi. Génialement si l'on veut, mais non en homme providentiel, Fichte fera appel à la nation allemande. Pour devenir ce qu'on doit être, il faut commencer par savoir ce que l'on est. Sans cette distinction on ne peut rien entendre aux si célèbres *Discours à la nation allemande* (10).

Et sur ce point il faut proposer une explication complémentaire. Dans les *Traits caractéristiques du temps présent* Fichte établissait le plan universel des cinq époques du monde : « 1) L'époque de la domination inconditionnée de la raison au moyen de l'instinct : *état d'innocence de l'espèce humaine.* 2) L'époque où l'instinct rationnel se transforme en une autorité de contrainte extérieure : l'ère des systèmes positifs d'enseignement et de vie, qui ne remontent nulle part aux ultimes fondements..., mais en revanche ambitionnent de contraindre et exigent la foi aveugle et l'obéissance inconditionnée : *état initial de la faute.* 3)... l'âge de l'indifférence absolue à l'égard de toute vérité : *état du péché consommé.* 4) L'époque de la science de l'esprit... *état initial de la justification.* 5) l'époque de l'art rationnel : ... *état de la justification et de la sanctification achevée* » (11). On remarquera d'abord que Fichte situe son temps en la troisième époque dont il ne sait combien de temps elle durera. Ensuite

10. Luther n'est pas aux yeux de Fichte un pur génie, mais un homme vrai, près du peuple. Il incarne l'Allemand qui se sait.

11. SW. Bd. VII, p. 11 et pp. 6-7.

ce qui a rendu possible Napoléon, c'est précisément cette indifférence envers la liberté et la vérité. Enfin le grand homme, au sens romantique, n'est pas évoqué ; ce qui compte est l'humanité.

On doit être très réservé touchant ce texte et ne pas conclure sans hésitations à une transformation de la pensée politique de Fichte. Ce dernier a toujours été convaincu que l'histoire comprenait des solutions de continuité. En son temps la Révolution française lui sembla fonder une rupture entre deux mondes et c'était toujours l'éclosion de la liberté qui ouvrait un horizon nouveau (12). Aussi le plan universel est moins une « ruse de la raison », qu'une histoire dramatique de la liberté. Il ne faut pas songer à un quelconque plan divin proche du déterminisme et ôtant sa signification à la liberté humaine. Fichte n'a pas caché que la Révolution française avait été à l'origine de la conception de la Doctrine de la Science – elle a vraiment ouvert, comme nation salvatrice, le champ d'un nouveau segment historique. « La Doctrine de la Science est née, écrit Fichte, durant les années où la Nation française faisait, à force d'énergie, triompher la liberté politique » (13). Mais l'homme est fragile, l'homme sans nom a su confisquer en grande partie le bénéfice de la Révolution. Ce détournement de liberté est chose abominable et comme on va le voir c'est moins la pensée de Fichte qu'il va évoquer que les conditions de son application : la faillite de la France malheureusement séduite et corrompue suscitera l'appel à la Nation allemande.

II. Mais quelques principes fondamentaux à titre de règles de jugement et d'orientation politique doivent

12. Nous nous souvenons ici de la deuxième partie (début) de notre ouvrage consacré aux *Contributions* et nous nous séparerons légèrement des remarquables thèses soutenues par L. Ferry et A. Renaut dans leur beau travail : « *Machiavel et autres écrits philosophiques et politiques* de 1806-1807, J.G. Fichte, Payot, 1981, pp. 30-31.

13. Cette phrase est extraite d'une lettre dont j'ai donné pour ce qui concerne l'essentiel la traduction dans *Théorie et praxis...*, p. 78.

être établis. A quel niveau sommes-nous ? Il y a premièrement la W-L, secondement les disciplines fondées par la W-L et dans le cas qui nous intéresse la théorie du droit (comme droit naturel et constitutionnel), au troisième niveau on découvre d'une part la théorie économique-juridique, *l'Etat commercial fermé* et d'autre part les principes de la pragmatique politique ou l'art de gouverner les hommes. Or c'est justement ce dernier point qui nous intéresse, car supposé que la Nation allemande entende l'appel qui lui est lancé, encore faut-il qu'il ne soit point appuyé sur des fondements erronés. Là encore il faut distinguer : d'une part on doit exhiber le fondement de l'autorité politique et d'autre part développer les principes de l'orientation morale de la nation, par exemple fixer le vrai concept de l'authentique éducation. On peut considérer que l'écrit de Fichte consacré à Machiavel fut le moment décisif dans la théorie de l'autorité politique. En revanche les *Discours à la nation allemande* furent consacrés au concept général de la Nation comme vie et liberté en acte. Entre ces deux écrits on peut situer pour nouer quelques liens et assurer un heureux transit les *Dialogues patriotiques.* Il faudrait apporter une précision supplémentaire : tous ces textes sont postérieurs à l'achèvement pur de la W-L, je veux dire l'exposé de 1804, et le système philosophique pourra cautionner pleinement le développement, sans qu'on puisse cependant dire qu'en 1794 Fichte allait de la politique à la philosophie et après 1804 de la philosophie à la politique, car une telle simplification serait abusive.

Etonnante est à première vue la rencontre de Fichte et de Machiavel : comment le philosophe du devoir pouvait-il ouvrir l'œuvre de Machiavel, de *Machiavelli :* dégraisseur de taches ? Fichte n'ignorait point ce que P. Bayle constatant la diversité des jugements avait cru devoir écrire : « Il y a bien peu d'auteurs qui parlent de lui sans donner leur malédiction à sa mémoire, quelques-uns l'excusent & se portent pour ses défenseurs ; & il y en a même qui le regardent comme un écrivain fort zélé pour le bien public, & qui n'a représenté les artifices de la politique, qu'afin d'inspirer de l'horreur contre les Tyrans, & d'exciter tous les peuples au maintien de la liberté. Si l'on peut révoquer en doute que ç'ait été son véritable motif, on doit pour le moins reconnaître qu'il se montra par sa conduite bien animé de l'esprit républicain » (14). Bayle suggère, sans pourtant se décider pleinement en faveur de l'hypothèse, que l'œuvre de Machiavel pouvait bien servir l'esprit public en dévoilant avec une naïveté qui n'était que ruse l'ignoble conduite des oppresseurs de la liberté. Fichte va entendre d'une certaine manière le message de Machiavel en ce sens, qui dit ce qu'il faut faire pour demeurer libre sous les auspices d'une puissance politiquement fondée ou non. Mais il est aussi raisonnable de situer l'éloge de Machiavel dans le contexte de la philosophie allemande : Herder, Hegel ensuite (15) s'attachent avec succès à l'étrange philosophie de Machiavel en laquelle ils regardent un moment fort de la philosophie politique.

Avant toute analyse plus approfondie, il convient de présenter deux remarques. Fichte considère comme une erreur toute tentative visant à extraire des écrits de Machiavel un « traité de droit constitutionnel transcendantal » (16). C'est au troisième niveau, celui de la pragmatique politique, comme art (Kunst) de gouverner les hommes qu'il faut l'interroger. L'affaire qui ne serait pas concevable sans la science (Wissenschaft) ne doit pas dépasser la prudence (Klugheit). De même

14. P. Bayle, *Dictionnaire historique et critique,* 5e ed. T. IV, p. 15.

15. Herder, *Briefe zur Beförderung der Humanität,* Br. LVIII, Werke Suphan, Bd. XVII, p. 519 sq. Pour Hegel on consultera F. Meineke, *Die Idee des Staatsräson in der neueren Geschichte,* Berlin 1925 et les intéressantes précisions de Luc Ferry et Alain Renaut, p. 32, note 90.

16. *Nachgelassene Werke,* Bd. III, p. 406. On se reportera à la traduction d'Alain Renaut, op. cit.

il faut interroger Machiavel dans sa langue. On sait que Machiavel rêvant parfois à d'idéales cités énumère des douzaines de vertus ; mais « par exemple la générosité sans limites et irréfléchie, la clémence, ou plutôt une certaine clémence, la molle sensiblerie qui ne peut se décider à faire subir au meurtrier la peine encourue » (17) sont de fausses vertus, qui ruinent un Etat et en revanche ce qui à une lecture superficielle de Machiavel se présente comme un défaut, ainsi la parcimonie, se traduit par la vertu solide de la sage économie. Machiavel ne veut point nous égarer. Il parle correctement le langage de son époque. Ainsi la clémence a-t-elle été proclamée de son temps comme une vertu ; les réultats désastreux prouvèrent que la clémence si vantée n'était pas dans le fait une vertu.

C'est alors qu'apparaît le fil conducteur de la politique fichtéenne. On sait que dans ses premiers écrits, il se refusait à regarder avec Hobbes les hommes comme essentiellement méchants (18) et repoussait avec vigueur la *thèse* de l'auteur du *Leviathan*. Disciple de Rousseau il constatait comment au terme de l'histoire, *« la confiance avait été perdue »* et comment par une inversion spectaculaire, longuement méditée par Jean-Jacques (19), l'Etat de nature devenait selon ses déterminations hobbesiennes la vérité du monde politique : fausse à l'origine (donc selon l'essence) la philosophie de Hobbes est vraie à l'arrivée et puisque la confiance avait été perdue, le principe méthodique de l'art de gouverner sera la prudence (Klugheit) qui n'est pas à confondre avec je ne sais quelle pusillanimité *(Pussilus animus)*, mais avec la résolution courageuse, calculée, délibérée. C'est en ce sens que sans les approuver moralement Fichte rapporte sans les condamner formellement les

17. *Nachgelassene Werke*, p. 405.

18. GA, I, I, p. 277, L. 4-6 et *Théorie et praxis...*, p. 128 et suiv.

19. A. Philonenko, *Rousseau et la pensée du malheur*, T. I, pp. 235-236.

actes de César Borgia, duc de Valentinois, que dans une certaine mesure Machiavel admirait. Certes la figure de César Borgia n'est pas précisément innocente – mais Fichte voit en lui un profond politique ayant su introduire le calme, l'ordre et la sécurité publique en très peu de temps dans une province troublée (20). La prudence comme rigueur intellectuelle est une force vraie et Fichte, suivant Machiavel, bannit la bénigne imbécillité de la pragmatique politique. Si les principes éthiques se joignent à la prudence, on pourra se féliciter – mais sans prudence les principes éthiques risquent fort de demeurer sans contenu. En politique c'est la prudence qui schématise les principes éthiques et non l'inverse. Un principe moral, mais dépourvu de prudence est une calamité.

III. La fécondité de ce principe apparaîtra toujours plus concrètement, tandis que son seul énoncé permet d'apercevoir l'alliance de Fichte et de Machiavel. Quelle est la présupposition qui autorise le développement de la pragmatique ? Laissons parler Fichte : « Le principe fondamental de la politique machiavélienne et qui – nous l'ajoutons sans honte – est aussi le nôtre, ainsi qu'à notre avis le principe de toute théorie cohérente de l'Etat, est contenu dans ces paroles de Machiavel (Discours, L. I, ch. 3) : « Quiconque fonde une république (ou en général un Etat) et lui donne des lois, doit *présupposer* (voraussetzen) que tous les hommes sont méchants et que sans aucune exception ils donneront libre cours à leur méchanceté intérieure dès qu'ils trouveront pour cela une occasion sûre » (21). On peut croire que Fichte énonçant son principe adopte le point de vue de Hobbes tel qu'on l'appréhendait à l'époque et renonçait à la *thèse* des *Contributions* où il se disait incapable de concevoir comment selon Hobbes et Kant lui-même l'homme est un loup pour l'homme. N'entrons pas dans des détails, par exemple

20. *Nachgelassene Werke,* Bd. III, pp. 406-407.
21. Ibid, p. 420.

la relation avec Rousseau, pour expliquer ce qui se passe. Remarquons seulement que le principe établi par Fichte n'est pas une thèse, mais une *hypothèse*. La thèse de la bonté naturelle de l'homme demeure valable au niveau de l'éthique pure ; en revanche dans la pragmatique politique définie par la prudence (comme intelligence et sagesse) c'est l'hypothèse opposée qui doit être retenue. L'hypothèse de travail est opposée à la thèse morale, maintenue, mais inadaptée aux nécessités de l'action. Aussi Fichte demeure-t-il en accord avec lui-même et s'oppose à Machiavel en s'appuyant sur lui. En effet chez Machiavel la thèse ne se dissocie pas de l'hypothèse. L'homme est mauvais essentiellement selon l'auteur du *Prince* qui précisait sa pensée ainsi : « Si ce penchant demeure caché pour un temps, il faut l'attribuer à quelque raison qu'on ne connaît pas et croire qu'il n'a pas eu l'occasion de se montrer ; mais le temps qui, comme on dit, est le père de toute vérité, le met ensuite au grand jour » (22). Fichte est parfaitement clair : il ne retient qu'à titre d'hypothèse le principe machiavélique : « Il n'est nullement nécessaire ici qu'on s'engage dans la question de savoir si les hommes sont effectivement tels qu'ils sont supposés être, c'est-à-dire / mauvais / ou non ; en un mot : l'Etat en tant qu'institution contraignante (Zwangsanstalt) les présuppose nécessairement tels, et seule cette présupposition fonde l'existence de l'Etat. » (23) On protestera qu'il y a contradiction à tenir une thèse contraire à l'hypothèse dont on se propose l'explication. Mais nous ne devons pas oublier que nous sommes au niveau de la pragmatique politique et que l'hypothèse apparaît comme un moyen, structuré par les règles de la stratégie indirecte. A quoi bon devant l'homme sans nom suivre une stratégie directe, la proclamation de l'innocence simple et immédiate ? Ce serait se faire égorger à coup

22. Machiavel, *Discours sur la première décade de Tite-Live*, liv. I, ch. 3, in Pléiade, *Oeuvres complètes*, Paris, 1952, pp. 388-89.
23. *Nachgelassene Werke*, Bd. III, p. 420.

sûr. Plus précieuse est l'hypothèse qui fonde l'autorité dans une stratégie indirecte et prépare la résistance prudente, c'est-à-dire intelligente et déterminée.

Il est vrai que cette stratégie indirecte va imposer des sacrifices (provisoires puisque nous avons seulement affaire à une hypothèse). Suivant l'hypothèse retenue une première limite s'impose : selon cette méthode on ne pourra jamais se glorifier d'autre chose que d'une apparence de paix (24). La prudence, virtũ du Prince de Machiavel et de Fichte, lui permet d'instaurer une apparence de paix, sans qu'il puisse jamais y voir la confirmation de la thèse. La stratégie indirecte se limite à l'apparence, bien contente si seulement elle interdit à l'envie et à la haine de se *manifester* dans les faits (25). La seconde limite est plus décisive : quelles qu'aient été les pensées de Fichte sur le droit de résistance à l'oppression (26), il est clair que dans la définition de l'Etat comme institution visant à réprimer les penchants mauvais (supposés) de l'homme, aucune répression n'est illégitime, aucun droit de résistance ne peut être toléré. En ce sens précis l'Etat sera totalitaire. Démocrate, Fichte, dans l'hypothèse qui selon une stratégie indirecte fonde un Etat fort, reconnaît au Prince le droit divin (das göttliche Recht) de s'opposer par la force à tout mouvement opposé à la loi de l'Etat. La troisième limite est plus profonde. Citons le texte : « Depuis la Révolution française, les doctrines des droits de l'homme, de la liberté et de l'égalité originelle de tous – qui constituent certes les fondements éternels et inébranlables de tout ordre social, à quoi aucun Etat ne peut déroger, mais par la conception exclusive desquelles on ne peut ni fonder un Etat, ni l'administrer –, sont traitées même par quelques-uns de nos compatriotes, dans le feu du combat, avec un accent trop enthousiaste et comme

24. *Nachgelassene Werke*, Bd. III, p. 421. 25. Ibid.
26. Comparer avec SW, Bd. III, p. 182 et *Théorie et praxis...*, p. 57, p. 156.

si elles conduisaient dans l'art politique (Regierungskunst) encore plus loin qu'elles ne le font effectivement ; et sur bien d'autres points qui appartiennent aussi effectivement à ces doctrines, on est allé au-delà, excès qui eux non plus ne sont pas restés sans influence destructrice. » (27). La Doctrine de la Science ne répudie pas les grands principes qui ont guidé les premiers pas de la Révolution française. Mais considérant les excès, elle doit reconnaître que ces principes n'étaient pas encore susceptibles de fonder l'art politique en totalité et qu'à aucun moment ils n'ont pu empêcher la liberté de se retourner contre elle-même pour enfin sombrer dans la plus grave des faillites. En un sens tout-à-fait particulier, mais bien fichtéen, on exprimerait cette limite par la formule suivante : « L'homme doit savoir se passer du passé et s'en méfier ». Ceci ne signifie pas qu'on doit écarter la totalité du passé, mais seulement retenir ce qui favorise l'avenir, c'est-à-dire la liberté. Ecraser l'avenir sous le poids d'un passé fut l'œuvre de l'homme sans nom.

Ainsi se constitue la pragmatique fichtéenne, d'autant plus puissante qu'elle s'appuie sur une compréhension des phénomènes économiques développée dans *l'Etat commercial fermé*. Mais il est évident que ceci n'a de sens que si l'on précise les orientations de l'art politique au niveau international. Or Fichte retient au niveau des Etats l'hypothèse formée au sujet des individus. Cette hypothèse rationnelle implique qu'il est illusoire de penser que les Etats ne se dirigeront pas vers la guerre, d'autant plus que la simple diversité des Etats abolit l'idée d'une structure juridique universelle. Le heurt est inévitable. D'une manière générale, constate Fichte, toute *nation* (jede Nation) est habitée par une volonté hégémonique, visant la domination du monde, et sera de ce fait entraînée dans des actes d'agression ou de défense, qui ne concernent pas

27. *Nachgelassene Werke,* Bd. III, p. 428.

seulement les problèmes de frontières. Plus que jamais la pragmatique politique doit se recommander de l'hypothèse puisée dans la lecture de Machiavel. Deux principes qui en découlent doivent nous guider : 1° un Etat voisin, à moins qu'il ne soit forcé de nous considérer comme un allié naturel contre une puissance menaçante pour tous les deux, est prêt à la première occasion, s'il peut le faire en toute sécurité, à *s'agrandir à nos dépens ;* s'il négligeait cette occasion, il manquerait de *prudence* (Klugheit) et c'est là ce qu'un Etat ne saurait jamais faire, quand bien même il serait notre frère (28). Voici l'acte de naissance de la *Realpolitik* comme *Machtstaatspolitik.* Le droit enseigne que les pactes doivent être respectés *(pacta sunt servanda).* L'art politique considère les alliances et les traités comme autant d'actes qui peuvent être déchirés tels de vulgaires « bouts de papier ». La vraie diplomatie est celle des épées par lesquelles les Etats se dissuadent réciproquement d'engager la lutte (29) – donc 2° Il ne suffit pas de défendre le territoire, mais tenant d'une main ferme l'épée, il faut veiller tout particulièrement à ce que dans les relations internationales rien ne change à notre désavantage et à profiter de toute occasion susceptible de procurer à l'Etat qui est le nôtre une puissance accrue. Un Etat ne doit pas se laisser aller à la sentimentalité (30). Un *particulier* peut fort bien au sein d'un Etat, qui fait régner le droit entre les citoyens, déclarer : *« Je ne veux rien de plus »,* il ne perdra pas de ce fait ce qu'il possédait déjà, puisque l'Etat garantit sa propriété. Mais un Etat, comme on le voit aisément, ne pouvant être protégé par une justice supérieure, ne peut cesser, pour sa sauve garde, de désirer posséder plus de puissance. Au point de vue de l'Etat « les mots : je ne veux rien de plus, signifieraient à proprement parler : *je ne veux rien avoir et je ne*

28. *Nachgelassene Werke,* Bd. III, p. 423.
29. Ibid, Bd. III, p. 425-26.
30. Le génie romantique d'une nation ne doit point prévaloir en ceci.

veux pas non plus exister » (31). « Il s'ensuit, reprend Fichte, deux règles fondamentales. La première... saisir sans perte de temps toute occasion de se fortifier dans la sphère de ses influences... La seconde : ne jamais se fier à la parole d'un autre Etat » (32). Ces deux principes et les règles qui en découlent en inversant l'ordre (le second principe correspond à la première règle) (33) s'unissent dans la définition du prince fichtéen. « Aux lois universelles de la morale le prince est tenu dans sa vie privée comme le plus humble de ses sujets ; dans sa relation à son peuple (en état de paix) il est tenu à la loi et au droit, et il ne peut traiter personne autrement qu'en se conformant à la loi existante, bien que le droit lui reste d'instituer la loi, c'est-à-dire d'assurer le perfectionnement continu du corpus juridique ; mais dans sa relation aux autres peuples, il n'y a ni loi, ni droit, excepté le droit du plus fort et ce rapport confie à la responsabilité du prince et dépose entre ses mains les droits divins de souveraineté sur le destin et l'administration du monde, et l'élève au-dessus des interdits de la morale individuelle, jusqu'à un ordre éthique supérieur dont le contenu matériel est inscrit dans la formule : *salus et decus populi suprema lex esto* » (34). Ces considérations commentées sans référence à la dialectique du rapport de la thèse et de l'hypothèse et prises pour ainsi dire brutalement ont été vivement controversées : on y voyait encore la source du régime odieux du IIIe Reich il y a peu de temps et on ne peut contester le fait qu'en 1941 Wolfram Steinbeck ait cru devoir insérer de larges passages de l'écrit sur Machiavel dans son recueil de textes intitulé *J.G. Fichte, Politik und Weltanschauung*. Mais tant d'aspects de la philosophie fichtéenne étaient

31. *Nachgelassene Werke*, Bd. III, p. 424.
32. Ibid, Bd. III, p. 424.
33. Sur l'inversion peu naïve dans l'exposé des principes et des règles, cf. A. Philonenko, *Essais sur la philosophie de la guerre*, p. 46.
34. *Nachgelassene Werke*, Bd. III, p. 427.

étrangers à la « doctrine » du IIIe Reich qu'il est convenable de réduire l'ardeur du débat, sans nier l'existence d'un lien, la théorie de la force, reconnu par beaucoup de lecteurs.

IV. L'exposé de ces principes posait deux questions assez voisines, même si cela n'était pas manifeste, qui étaient d'une part la théorie des armes et d'autre part la relation entre le patriotisme et le cosmopolitisme. – Fichte, dans le domaine militaire se déclarait incompétent ; prêcher aux armées, soit ! se servir d'un fusil, eh bien ! non : il ne savait pas. Il formulait toutefois une opinion : la supériorité de l'artillerie ne lui semblait pas aussi assurée qu'on le pensait et le prince fichtéen pouvait et devait plutôt choisir de développer les valeurs de l'infanterie pour fonder son succès. Mais enfin il posait une question plus qu'il n'énonçait une théorie. En quel sens devait s'orienter l'Etat fichtéen ? Or une réponse vint de la part d'un officier anonyme dont nous savons maintenant avec précision qu'il n'était autre que Clausewitz. On mesure par là avec une netteté plus grande l'accueil fait à l'écrit sur Machiavel, en lequel Clausewitz théoricien hors pair trouve matière à s'expliquer. Il développe deux aspects qui ne doivent pas être mis sur le même plan. Il y a donc dans la réponse de Clausewitz une considération de l'ordre de la ligne de feu ; c'est indispensable, mais ce n'est pas l'essentiel. Au demeurant Clausewitz n'évoque pas la discipline comme une fin, mais comme un moyen. Aussi second aspect, fondamental celui-là (et qui permet à des fantassins de remporter une victoire sur l'artillerie), c'est l'esprit de la guerre. Le soldat doit être animé par une conviction puissante, fortifiée par la confiance et se servant d'une comparaison dont il usera aussi dans son ouvrage posthume *De la Guerre*, Clausewitz dit qu'il ne doit pas y avoir de charbons éteints dans l'armée qui doit être une pure flamme. Il ne faut pas comme les fervents de l'artillerie mettre au-dessus des forces morales les forces matérielles, mais l'inverse est seul juste : le moral est primordial : dans le sabre, pour reprendre une formule de *De la guerre*, la lame étincelante est l'esprit (35).

Cette lettre assurant que l'histoire de presque toutes les guerres nationales avait consacré l'effort pour vivifier les forces individuelles (36) devait à la fin être un réconfort pour Fichte. Rompant avec la philosophie trop classique, il percevait combien dans son effort pour exprimer sa vision de la guerre il avait misé juste. C'est la liberté qui anime le bras et le cœur et comme il va de soi il n'y a que l'éducation qui puisse forger la valeur militaire. Par cette réflexion si simple concernant le moyen formant la force du Prince dans le contexte international dominé logiquement par la pensée de la guerre, on rejoint non seulement la métaphysique fichtéenne comme philosophie de l'effort « Etre libre n'est rien, devenir libre c'est le Ciel », – mais encore par un enchaînement admirable on pressent l'importance accordée par l'auteur de la W-L à l'*éducation* dans les *Discours à la nation allemande*. Si de plus on s'avise que Clausewitz donnait raison à Fichte en s'appuyant sur les guerres nationales, on concevra avec quelle certitude Fichte informé de l'échec de l'Armée française en Espagne put concevoir la nécessaire libération du joug de l'homme sans nom.

Mais aussi dans le même moment ou presque devait s'approfondir la notion de patriotisme (37). Celui-ci comprend une donnée de fait et une orientation *a priori*. La donnée de fait est bien entendu la réalité allemande et même prussienne. Les hommes, en dépit de leur appartenance à un *Geisterwelt*, sont différents par leur détermination populaire et culturelle et ils

35. La lettre de Clausewitz est du 11 janvier 1809. Cf. Schulz, Fichtes Brw, Bd. II, p. 520 et Alain Renaut dans le recueil intitulé *Machiavel*, etc, en a donné une excellente traduction.
36. A. Renaut, *Machiavel*, etc, p. 200.
37. N. Wallner, *Fichte als politischer Denker*, p. 193.

sont attachés à leur patrie. Mais pas n'importe comment. Dans le premier dialogue Fichte débute en ironisant sur le patriotisme mécanique : l'interlocuteur se sent mal à l'aise, car l'entretien dure depuis si longtemps qu'il va manquer l'heure consacrée dans son emploi du temps à l'exercice du patriotisme. En gros on peut dire que Fichte distingue le faux patriotisme qui dans son mécanisme répété engendre la routine inefficace et le vrai patriotisme, comme Kant sépare la prière et l'esprit de la prière (38). Comme dans les *Discours à la Nation allemande* il est clairement affirmé que le patriotisme est d'essence morale et avec X. Léon nous pensons que le refus de l'Etat mécanique implique en soi une critique du système prussien, caractérisé par une rigueur maniaque (39). Même si Fichte adhère à la réalité prussienne ce n'est que dans la mesure où elle est une participation à la réalité allemande. Le patriotisme n'est pas d'abord prussien et enfermé en un cadre psychologiquement étroit, mais allemand et fondé dans la réalité historique. Le vrai patriotisme, entendu comme esprit de la prière, reçoit alors son orientation *a priori* : le cosmopolitisme. Le genre humain a des devoirs et d'abord sa liberté éthique : « Le patriote allemand, en particulier, veut que ce but soit tout d'abord atteint chez les Allemands et qu'ensuite ce succès s'étende au reste de l'humanité » (40). Plus clairement : « L'Allemand qui vit et agit au sein de l'unité étatique prussienne n'exerce sa volonté et son action qu'en vue d'une chose : faire entrer avant tout de la façon la plus parfaite le caractère national allemand dans cette unité étatique ; puis il voudra que celui-ci s'étende ensuite aux souches allemandes patentes, puis enfin de celles-ci peu à peu jusqu'à l'humanité entière » (41).

38. Kant, SW. AK. Bd. VI, p. 195.
39. SW. Bd. VII, p. 363.
40. *Nachgelassene Werke*, Bd. III, p. 234.
41. *Nachgelassene Werke*, Bd. III, p. 233.

Or en ce point on a, semble-t-il, tout confondu : la plupart des interprètes de langue française (pour ne rien dire des philosophes russes d'ailleurs plus attirés par Hegel) ont soutenu que ce cosmopolitisme n'était que de l'*impérialisme.* Dans les *Discours à la Nation allemande* Fichte se fondant sur le portrait voltairien de Mahomet a montré qu'il ne fallait pas confondre cosmopolitisme patriotique et impérialisme fanatique. Que montrait Voltaire dans son portrait de Mahomet, tragédie sur le fanatisme ? La force d'une âme qui en sa solitude croit que toutes ses idées sont vraies, sans avoir besoin d'en estimer la valeur dans un quelconque commerce avec autrui, mais prêt à écraser quiconque s'y oppose :

« Tu sais assez quel sentiment vainqueur
Parmi mes passions règne au fond de mon cœur.
Chargé du soin du monde, environné d'alarmes,
Je porte l'encensoir, et le sceptre, et les armes :
Ma vie est un combat, et ma frugalité
Asservit la nature à mon austérité. » (42)

Fichte est alors tout-à-fait clair : ceux qui pratiquent un patriotisme mécanique ou pas de patriotisme du tout, ne pourront rien contre le fanatique aux idées courtes et au bras long tenant l'encensoir, le sceptre, les armes et dominant la nature en soi. Le fanatisme est animé par une haine du genre humain tant que ce dernier résiste à sa force et par un mépris sans égal pour les hommes qui se soumettent. Il est évidemment très clair que derrière le Mahomet de Voltaire se dresse l'ombre de Napoléon. Qu'est-ce que les Français ont pu faire ? Qu'est-ce que la Prusse engluée dans un patriotisme mécanique a pu faire ? Qu'est-ce que l'Europe a pu faire ? La Prusse doit se régénérer pour, prenant le relai de la Révolution française confisquée, rétablir au sein d'un patriotisme cosmopolitique les chemins de l'espoir.

42. Voltaire, *Oeuvres complètes* (Paris, 1818) T. III, Théâtre, 2, p. 414.

Par là se justifient les dures exigences de l'hypothèse majeure dans la pragmatique politique. Au glaive immoral du fanatisme doit s'opposer l'épée victorieuse de la liberté que l'histoire remet à l'Allemagne.

CHAPITRE VIII

LES DISCOURS A LA NATION ALLEMANDE

Les *Discours à la Nation allemande* constituent pour beaucoup d'interprètes le dernier grand effort de Fichte. Il y a en ceci un phénomène pour ainsi dire optique qui joue. D'une part même si Fichte persévère dans le domaine de la pure théorie on peut dire avec une très grande assurance (puisqu'il l'a lui-même dit) que le sommet de 1804 ne sera plus dépassé. D'autre part dans le domaine de la philosophie juridique il n'y a pas d'évolution très sensible quant au fond, et la *Rechtslehre* de 1812 (1) reprend plus pour les préciser que pour les infirmer les résultats obtenus en 1796. Les écrits sur la destination du philosophe de 1794 et 1805 s'entr'expriment (2). Tout s'achève donc par et dans le surgissement des *Discours à la Nation allemande.*

Nous ne voulons pas ouvrir ici une polémique à l'issue très incertaine. Il est de bon ton de clouer Fichte au pilori. Le doyen G. Scelle crie à la contradiction : comment ! Fichte a approuvé la Révolution française et ensuite reniant son idéal il est « désormais hypnotisé par l'idée de Nation, non pas de n'importe quelle Nation, mais déjà de la Nation allemande incarnée

1. *Rechtslehre,* 1812, hrsg v. Schulz, Leipzig, 1920.

2. SW. Bd. VI, pp. 287-381. Je recommande la traduction et l'introduction du texte de 1794 par J-L. Vieillard-Baron. En annexe il faut consulter les textes de Fichte sur l'Université présentés et traduits par A. Renaut et Luc Ferry, in *Philosophies de l'Université,* Payot, 1979.

dans l'Etat prussien, héritière de l'Europe germanique et chrétienne, premier germe de l'idée raciale. » (3) Il est piquant de lire ceci sous la plume de W. Steinbeck, philosophe nazi modéré que le doyen G. Scelle aurait dû connaître : « Nous ne pouvons simplement suivre Fichte... une tâche *entièrement nouvelle* nous est proposée dans la fondation raciale de la communauté politique de notre peuple » (4). On pourrait quadrupler le contenu de ce volume avec semblables citations, les bons Français soulignant le germe de l'idée raciale chez Fichte et les bons nazis – mais oui ! – trouvant que Fichte n'a pas une idée scientifique du tout de la race. Tentons d'être raisonnables !

I. Les *Discours* – que cela soit dit une fois pour toutes – sont un livre de combat. L'oppresseur alors est la France. L'homme sans nom a confisqué la révolution et il faut convenir que les Français l'ont aidé (5). Fichte n'ignore pas qu'une nation peut se laisser séduire et alors elle perd son âme. C'est ce qui est arrivé – c'est peut-être ce qui arrivera. L'hypothèse politique rationnelle commande cette pensée. Mais cependant qui résiste, qui combat pour la liberté se représente les gloires de la patrie (6) et se représente aussi sa nation comme immortelle. On ne peut résister sans

3. G. Scelle, *Préface au livre de G. Vlachos, Fédéralisme et raison d'Etat dans la pensée internationale de Fichte.* Paris, 1948.

4. W. Steinbeck, *J.G. Fichte, Politik und Weltanschauung,* Stuttgart, 1941, p. XXXVII.

5. SW. Bd. IV, *Staatslehre,* p. 424-430. La liberté a été perdue en France en dépit des impressionnants efforts de la Nation parce que le caractère des Français ne pouvait supporter l'effort plus longtemps et surtout faute d'une bonne constitution. Cf. G. Vlachos, op. cit., p. 174. Plus exact est X. Léon, op. cit., T. II, 2, p. 274 qui souligne le point essentiel pour Fichte que la culture française n'est pas autonome, mais dérivée de la civilisation latine.

6. SW. Bd. VII, p. 389. Fichte cite Arminius. De Gaulle cite aussi Arminius, cf. A. Philonenko, *De Gaulle et l'Esprit de la France,* p. 66. Voilà comment on pourrait envenimer la querelle entre adversaires et défenseurs des *Discours à la Nation allemande.*

ces souvenirs et cette pensée, et qui oserait dire à celui qui résiste pour la liberté que sa patrie n'a ni passé glorieux, ni nécessaire avenir ?

On ne médite pas assez le titre de l'ouvrage de Fichte, tandis qu'on est trop attiré par la beauté du style. Il est clair que Fichte s'est souvenu du titre d'un écrit célèbre de Luther : *An den christlichen Adel deutscher Nation von des christlichen Standes Besserung* (7). L'objet de Fichte ne recoupe évidemment pas celui de Luther et en particulier la noblesse est tout autrement perçue que par Luther. Mais l'appel lancé par Luther à la noblesse de la nation allemande était trop célèbre pour que Fichte n'imitât pas ce long sermon. Les *Discours à la Nation allemande* ne sont nullement des *discorsi* à la manière de Machiavel : il s'agit d'une suite de *sermons* logiques, politiques, religieux, philosophiques et le fil conducteur est le même que chez Luther : « Ist das nit klar genug geredet » (8). Est-ce suffisamment clair ? Il n'est pas bon de lire les *Discours* les uns à la suite des autres. Il convient de les fréquenter, avec assiduité, jusqu'à pénétrer leur unité organique. Maintenant ces sermons fichtéens s'adressent à la Nation allemande et cette nation comme au temps de Luther est d'abord une communauté linguistique, la « germanité » oserions-nous dire. Ce n'est absolument pas un hymne à la Prusse (auquel on reproche son étroitesse mécanique), mais une célébration de l'Allemagne, car le Prussien n'est jamais Allemand que parce qu'il parle allemand et participe de cette communauté qui fonde la germanité. Qu'est-ce que l'Allemagne ? Historiquement, au temps de Fichte, c'est un empire morcelé en principautés, où sans doute la Prusse joue un rôle prépondérant, mais dont l'unité politique n'est rien. Historiquement c'est aussi plus qu'une communauté linguistique, je

7. *Luthers Werke*, herausgegeben von Otto Clemen, Bd. I (Berlin 1959) p. 362 sq.
8. Ibid, Bd. I, p. 371. L'énergie de Luther !

veux dire une culture au sens large (le sérieux allemand, la bonté allemande dont Fichte n'hésite pas à dire qu'elle est un peu niaise, la science allemande, comme littérature et sciences exactes, enfin la religion allemande dominée par l'héritage de Luther). Enfin la Nation allemande n'est *rien :* Napoléon a écrasé par le fanatisme et la force la liberté allemande qui s'en est allée au gouffre de l'histoire et c'est ce *rien* qui doit livrer à l'homme le sens de la liberté. C'est précisément parce qu'elle est crucifiée par le fanatisme que la Nation allemande doit s'unir, se donner une constitution fixant avec rigueur le sens de l'Etat, ressusciter la liberté (9).

Fichte se veut clair : « Nous nous sommes fait la guerre ; nous sommes les vaincus, les Français sont les vainqueurs, c'est là une vérité que nous ne songeons pas à contester » (10). Même si le fanatisme plus que le patriotisme a remporté la victoire, elle est sienne sans discussion. Mais par cette défaite reconnue la guerre n'est pas terminée, sauf si l'on renonce à la résistance et fixe des limites à son sacrifice. « Celui qui, au contraire, ne s'est point fixé de limites précises, celui qui est prêt à sacrifier tout, même ce qu'il y a de plus précieux ici-bas, c'est-à-dire la vie, ne renonce jamais à la résistance et est forcément victorieux pour peu que l'adversaire se soit fixé un but plus restreint. » (11). Or le vrai patriotisme national, celui qui choisit la liberté, se fixe un but plus large que tout le fanatisme. Si je suis sûr de combattre pour la liberté je gagnerai. Mais protestera-t-on je n'ai plus rien, mes épées se sont brisées. Sans doute répondra Fichte. Mais il ajoutera : *il nous reste l'éducation.*

Le grand sermon à la Nation allemande devient alors un livre à deux dimensions. La dimension principale est l'éducation comme philosophie de l'avenir.

9. Le schème suivant lequel un Etat tombé dans l'abîme doit dialectiquement se retrouver et dominer est classique.

10. SW. Bd. VII, p. 472.

11. SW. Bd. VII, p. 390.

Un peuple vaincu par le fanatisme doit former une génération nouvelle, qui, par sa conception de la vie, l'emportera sur ses adversaires. Mais seconde dimension, il faut établir un bilan, saisir dans le passé et dans ce qu'il nous a légué directement les principes de la régénération éducative. Ces deux dimensions coïncident dans une doctrine de l'engagement au sens le plus précis que lui reconnaît la doctrine de la Science. Vaste programme ! dans l'esprit de Fichte les *Discours à la Nation allemande* étaient un livre pour maintenant et demain.

II. « Quand l'Allemand cherche, il trouve toujours plus qu'il ne cherchait, parce qu'il pénètre dans le courant de la vie réellement vivante, qui coule par ses propres forces et l'entraîne avec lui. » (12). Nous commencerons par suivre ce propos pour examiner la conception fichtéenne du passé de l'Allemagne.

Or l'Allemand prend rarement l'initiative d'une recherche : paisible il est ouvert aux sollicitations venues de l'étranger. Mais dès lors qu'il s'est saisi du problème il sait avec une force étonnante le résoudre et parfois même entièrement. Il en a été ainsi pour les deux piliers susceptibles de soutenir l'éducation nouvelle. Le premier est constitué par la philosophie. Le grand fondateur de la vraie philosophie est Leibniz. Ce philosophe n'est pas évoqué sans arrière-pensées. Fichte se souvenait d'avoir déclaré dans le paragraphe 10 de la *Seconde Introduction à la Doctrine de la Science* (13) que seul Leibniz pouvait être convaincu parce que seul il avait raison. Et de fait on peut aisément formuler selon les structures monadologiques le problème de la première W-L (14). On peut juger les propositions avancées au sujet de Leibniz dans les

12. SW. Bd. VII, p. 350. 13. GA. I, IV, p. 265.

14. On peut en suivant les principes fichtéens renouveler la lecture que Feuerbach a donnée de Leibniz. Cf. A. Philonenko, *Feuerbach et la monadologie, Etude leibnizienne,* RMM, 1970. A ce sujet, cf. F. Tomasoni, *Feuerbach e la dialettica dell'essere,* Florence, 1982. La base de ces analyses est la formulation en termes leibniziens du problème de la W-L in *La liberté humaine...,* p. 113 sq.

Discours très difficiles. Fichte n'aurait-il pas dû plutôt citer Kant ? Certes il avait conféré la priorité à Leibniz avant que Kant ne désavoue, comme on l'a vu lors de la Querelle de l'athéisme, la Doctrine de la Science. Mais cet épisode n'aurait pas dû peser et dans l'optique des *Discours* on devait reconnaître un avantage clair à Kant qui s'était exprimé en langue allemande et non en français comme Leibniz. Mais rien n'y fait : c'est Leibniz qui est choisi et peut-être parce que l'auteur de la *Monadologie* fut à la fois allemand et cosmopolite. Allemand : Fichte n'ignorait pas que Leibniz avait clairement indiqué qu'il aurait aimé s'exprimer dans la langue de sa patrie et qu'il avait ressenti quelque amertume à écrire en français ou en latin. Avec Leibniz commence la vraie philosophie comme espoir de l'expression allemande. Mais, allemand, Leibniz manifestait au plus haut point la qualité d'ouverture, d'intégration et d'assimilation innée en son peuple. Le cosmopolitisme savant allemand trouve sa vérité chez Leibniz qui illustre avec toute la perfection la valeur philosophique germanique. On peut douter avec beaucoup de raisons que Leibniz « fut forcé d'avouer que la première impulsion lui était venue de l'étranger » (15) et que son originalité fût la clarté et la compréhension du caractère suprasensible de la monadologie comme *Geisterwelt.* Il est vrai toutefois comme le suggère Fichte que Leibniz puisa son inspiration chez Descartes et le combattit (16). L'assimilation allemande est *active,* elle n'est pas à confondre avec une reproduction anémiée et en ce sens la reprise leibnizienne est le commencement réel de la philosophie.

Mais Fichte ajoute une phrase capitale : « Depuis lors, nous avons complètement résolu le problème et *terminé la philosophie ;* mais nous devons nous borner à l'affirmer jusqu'à ce que vienne une époque

15. SW. Bd. VII, p. 353.
16. A titre d'illustration on ouvrira la thèse impressionnante d'Y. Belaval, *Leibniz critique de Descartes,* Paris, 1960.

capable de la comprendre » (17). Cette proposition est d'une importance capitale : elle porte sur le présent et l'avenir. Le présent c'est la réalisation de la W-L, dont l'exposé imprimé, je veux dire la W-L de 1794-95, en dépit de ses imperfections (relatives), apporte une clôture ultime au chemin de la pensée. Au terme du §. 5 de la W-L 1794-95, Fichte était clair : il reconnaissait, déjà !, que la Doctrine de la Science était exposée à l'incompréhension, il précisait qu'elle était « très susceptible d'amélioration en toutes ses parties », mais il affirmait qu'elle sera en « ses structures fondamentales irréfutable pour tout homme en tout temps » (18). La conclusion la plus évidente que le lecteur bien disposé doit en tirer, c'est que la Nation allemande peut sortir de l'abîme parce qu'elle possède la philosophie achevée (Seitdem ist unter uns die Aufgabe vollständig gelöst, und die Philosophie vollendet worden...). Et c'est là l'avenir immense. Réunissons les deux moments : la totalité achevée et présente de la W-L est une fonction d'ouverture. On dira sans doute que Fichte n'est pas le seul penseur allemand qui imagine terminer le problème de la philosophie. Certes. Mais considérons Kant. Il établit dans *l'antithétique de la Raison pure* le procès de toute métaphysique future, tandis qu'il dépose dans les archives de la raison les actes du jugement dialectique. Le présent de Kant, défini selon le droit, établit un précédent qui annule tout avenir en prétendant le ramener à l'antithétique. Hegel veut aussi achever la philosophie. Mais s'il le veut, c'est parce qu'il croit que la philosophie a développé toutes ses puissances, que tout est dit et que le penseur n'a d'autre tâche que d'opérer une synthèse conservatrice et nullement – comme on le croit malheureusement en lisant Hegel de travers – de fonder *encore une philosophie originale.* Hegel est l'historien de la philosophie enfin venue à son terme et s'il ne se fait guère d'illusions sur les « futures »

17. SW. Bd. VII, p. 100. 18. GA, I, II, pp. 415-16.

philosophies – car il y en aura ! – il affirme un présent qui est l'éclosion du passé immémorial. Fichte dit tout autre chose : la philosophie est terminée dans le calcul des synthèses quintuples à l'intérieur de la genèse de la genèse. Dorénavant ce qu'il faut promouvoir, c'est l'action et d'abord l'éducation. Par là s'éclaire la compréhension fichtéenne de l'histoire, par là est attesté le fait que l'Allemand qui ne prend pas vraiment l'initiative va beaucoup plus loin, c'est-à-dire jusqu'au bout, que l'étranger, par là enfin est fondée la tâche de l'Allemagne : « Le progrès toujours à l'ordre du jour et qu'il faut réaliser à notre époque, c'est de faire de tout individu, par l'éducation, un homme parfait » (19).

Mais il faut étudier le second pilier qui est la Réforme religieuse allemande. Il est clair que Fichte vise le luthéranisme, mais ses affirmations souvent générales tendent plutôt à peindre le portrait de l'Allemand comme personne morale (20). On conçoit bien que Fichte ne pouvait publier une *thèse* sur Luther et sa pensée. Ce n'était pas son propos. Il débuta en mentionnant le caractère asiatique du christianisme en ses origines et contraint « par son altération ultérieure » (21) à ne prêcher « que la résignation muette et la foi aveugle. » Pénétrant dans le peuple romain le christianisme s'affadit doublement en se chargeant d'une part d'un « decorum » spécieux, et d'autre part en tombant dans les mains des hautes classes opprimant le peuple par la force d'une connaissance inaccessible au vulgaire ignorant le latin décadent. Tout ne pouvait pas être masqué : l'Evangile pose des questions si simples que l'oppression ne peut être totale. L'*Etranger* proposa des subtilités et avec platitude et manque de profondeur les papistes posèrent des problèmes qui les faisaient

19. SW. Bd. VII, p. 354.
20. X. Léon, *Fichte et son temps*, T. II, 2, p. 83 sq, compléments intéressants relativement au catholicisme.
21. SW. Bd. VII, p. 92 sq.

sourire. Et il arriva ce qui devait arriver : Luther, qui pour ce qui touchait la culture antique, la science et bien d'autres qualités était très inférieur aux papistes, prit au sérieux la question. La finesse n'était pas le propre de l'esprit allemand, c'est la *Gründlichkeit* qui le caractérise. Luther comprit d'abord que la question dominante était celle de la vie éternelle ou bienheureuse. Il y croyait naïvement et fut toujours lié par cette adhésion au supra-sensible. L'étranger ne connaissant plus l'Evangile pouvait divaguer puisqu'il n'était pas lié par celui-ci et la croyance en la vie bienheureuse. Bien plus : pour l'étranger la vérité de l'Evangile se confondait avec celle de l'Eglise. Dès lors il lui suffisait d'ébranler la religion statutaire pour trouver son destin : « Ne pénétrant pas dans le domaine de la raison pure, où la résistance eût été plus importante, cette pensée ne trouva d'autres adversaires que la religion qui existait historiquement ; elle en vint facilement à bout, en la jugeant selon les règles de la saine raison établie en principe ; la contradiction entre les deux était flagrante. Une fois tout cela tiré au clair, il se trouva qu'à l'étranger l'appellation de philosophe et le nom d'homme irréligieux et athée furent synonymes et pareillement honorifiques » (22). Mais Luther – que Fichte représente quand même un peu plus lourdaud qu'il n'était – ne jouait pas et dans son adhésion à l'ordre supra-sensible, il cultivait la raison pure, non comme une puissance d'une obscure transcendance, mais comme manifestation du peuple. Luther s'adressait au peuple en lui parlant du salut de l'âme et le peuple ne riait pas, ni ne demeurait prostré : il adhérait à lui-même (23) dans une religion dépouillée, claire. Fichte n'a pas tort de souligner l'énergie de Luther. Les discussions plaisantes de l'étranger furent l'occasion d'un élan prodigieux qui réforma le Christianisme et l'Allemagne. Comme elle a une philosophie,

22. SW. Bd. VII, p. 352. 23. SW. Bd. VII, p. 348.

l'Allemagne possède une religion pure. A ce point Fichte jugeant inutile de mentionner une nouvelle fois que l'Allemagne est la première nation ayant possédé en sa langue et grâce à Luther le texte des Ecritures saintes (tout le monde le sait !) souligne un point essentiel à propos de la Réforme : « Il est à remarquer toutefois que dans aucun pays réellement néo-latin la nouvelle doctrine ne fut jamais officiellement reconnue par l'Etat ; il aurait fallu, semble-t-il, que les souverains eussent le sérieux et le peuple le bon cœur des Allemands pour établir l'harmonie entre cette doctrine et le pouvoir suprême, après l'avoir soi-même reconnue » (24). Jugement d'une extrême gravité ! Il signifie exactement ceci : l'Allemagne possède la suprématie religieuse et culturelle fondamentale. Leibniz est capable de comprendre tout l'étranger, mais l'étranger, incapable de comprendre Leibniz, ne peut pas non plus comprendre la Réforme et se prépare à une défaite certaine. Rien ne résistera à l'épée spirituelle que le passé a léguée à l'Allemagne (25).

III. Mais que signifie au juste : « allemand ». ? La Doctrine de la Science prétend achever la philosophie. Elle sait et dit que l'Allemand se conçoit comme « un anneau dans la chaîne éternelle d'une vie spirituelle régie par un ordre social supérieur » (26). Elle sait que l'Allemand

24. SW. Bd. VII, p. 351.

25. On peut se demander jusqu'à quel point Fichte n'a pas pensé à une prédestination de la Nation allemande. On doit aussi se demander si dans le *Discours* VI la page consacrée aux débuts de la fondation « dans la mère-patrie » de cités florissantes et pacifiques, assises sur les qualités allemandes : « fidélité, loyauté, honneur, simplicité » n'est pas une esquisse de ce que les Allemands purent faire et par conséquent de ce dont ils sont capables. Au point de vue de l'art Fichte croit que les Allemands ne l'ont cédé en rien aux autres entités germaniques. Il est vrai que certaines contrées de l'Italie ne se laissent point rejoindre sur ce point, mais en revanche l'instabilité politique italienne, guidée par l'absence de loyauté, d'honneur et de simplicité, restera un exemple abominable dans l'histoire du genre humain. SW. Bd. VII, p. 355 sq.

26. SW. Bd. VII, p. 297.

« reconnaîtra finalement que rien n'existe hormis la vie, c'est-à-dire la vie spirituelle qui vit dans la pensée, que tout le reste n'existe pas en réalité, mais en apparence » (27). Elle sait que l'Allemand comprendra que « dans les temps nouveaux l'éternité ne commence plus simplement au-delà de la tombe, elle pénètre jusqu'au milieu du monde moral » (28). Tout ceci se trouvait déjà exposé dans le rapport original qu'instituaient les écrits relatifs à la Querelle de l'Athéisme entre le temps et l'éternité, mais aussi *La Destination de l'homme* et *L'initiation à la vie bienheureuse.* Ces formules ne sont point nouvelles et ne veulent pas l'être. Mais elles prétendent assurer un « nouveau monde », « une aurore » (29). C'est que « la vraie philosophie, celle qui s'est parachevée en elle-même » est seule « réellement allemande *(diutisc)* » et le sens profond du mot *deutsch* est le *primitif,* l'*originaire. Les Discours à la Nation allemande* eussent pu, précisément en raison de ce caractère primitif, être intitulés *Discours à la Nation originelle.* L'Allemand est l'originaire, le primitif, pour cela capable de « patriotisme » (30) et ce qui confirme ce point de vue c'est la langue allemande. Pour une raison très simple d'ailleurs : posséder la langue allemande c'est dans un souci emprunt de gravité s'élancer vers la philosophie, qui en retour confirme mon appartenance à ce monde spirituel supérieur.

La langue allemande joue donc un rôle capital. En 1795 Fichte avait publié un petit traité sur la *« Capacité de parler et l'origine de la langue ».* Ce traité était finalement composé dans l'esprit du XVIIIe siècle, illustré par Rousseau, Maupertuis, Condillac. Il est permis de dire que Fichte regardait surtout la langue comme un instrument (31) et que l'objet principal de son propos

27. SW. Bd. VII, p. 297. 28. SW. Bd. VII, p. 298.
29. SW. Bd. VII, p. 279. 30. SW. Bd. VII, p. 292.
31. Par exemple, SW. Bd. VII, p. 319 sq. L'explication de la valeur du mot « être » est purement technique : « Le mot *être* n'apparaît dans une langue que lorsqu'elle commence à se développer. Aussi n'a-t-il aucune autre signification si ce n'est de désigner ce qui dure à travers tout changement... »

était souvent grammatical. Par exemple au sujet de l'adjectif il évoquait sa place en grec, en allemand, en français pour assurer que sa place pouvait varier dès que la langue sortait de son Etat de nature (32). On pouvait certes dégager de ce texte l'idée d'une langue primitive ; mais l'usage politique de ces pensées sur le langage semblait interdit à tout esprit doué d'un simple bon sens. En 1807 il en va tout autrement : c'est l'aspect politique et spirituel de la langue allemande qui est visé et la compréhension de la langue comme pur moyen est récusé : « Le langage a plus d'influence sur les hommes que les hommes n'en ont sur le langage » (33). La langue allemande, entendue comme *diustic* est le principe fondateur de la Nation allemande qui voit ses deux piliers, la philosophie et la religion, confortés.

La question linguistique est difficile. On ne disconviendra pas du point suivant : par beaucoup d'aspects la théorie de Fichte ne possède aucune valeur scientifique. Mais il faut la considérer avec attention et plus soigneusement que ne l'ont fait X. Léon, N. Wallner, et sans céder à la mode actuelle. La langue allemande est d'abord pour Fichte, comme on ne peut s'y tromper, un espace culturel qui doit être mis en rapport avec la structure politique. Est-il en avance sur son temps ? fournit-il un matériau dans l'élaboration du principe des nationalités ? c'est possible. Il reste qu'il doit y avoir congruence entre la Nation, l'Etat et la langue, et l'Allemagne se sépare selon Fichte de la simple germanité. Que l'on considère les Suédois ; on ne saurait leur dénier la qualité de germain – la langue suédoise est

32. SW. Bd. VIII, p. 330.

33. SW. Bd. VII, p. 314. Il y a d'autres formules analogues (Die Worte einer solchen Sprache in allen ihren Teilen sind Leben und schaffen Leben, VII, 319). Il serait aberrant de rapprocher Fichte de Heidegger disant que la langue pense avant la pensée (Heidegger, *Unterwegs zur Sprache,* Tübingen, 1959). Heidegger n'interroge pas la langue dans une orientation morale, mais phénoménologique et ontologique.

sœur de la langue allemande ; la danoise aussi. Mais la proximité n'est pas l'identité (34). Il s'ensuit que la Nation allemande, devant entraîner derrière elle l'humanité, ne prétendra pas annexer les « mentalités » – envers les Suédois, et même plus : les peuples scandinaves, l'attitude de l'Allemagne sera claire : elle les comptera parmi les Allemands, elle leur appliquera sa généreuse conception de la liberté, sans prétendre gommer leur identité. Nous forçons ici quelque peu le texte de Fichte ; mais il ne faut pas oublier, et il le souligne lui-même, que la puissance germanique a débordé les limites de la mère-patrie et qu'un peu partout on pourrait retrouver des traces allemandes et on se verrait entraîné à identifier l'Allemagne et le monde. Au nord les peuples scandinaves, les plus proches, mais dont la langue n'est pas le pur allemand, à l'ouest les Gaulois et les Francs, à l'est les Slaves. On résoudra le problème en tranchant avec clarté : d'un côté les Allemands qui ont conservé la langue ancienne, de l'autre côté ceux qui ont changé de langue, adoptant, même très peu, des éléments étrangers et s'écartant donc de l'Allemagne assez décisivement. Il faut convenir que le début du *Discours IV* n'est pas assez clair. Mais Fichte est en présence d'un problème insoluble : ou bien une langue est morte et elle ne pose plus de problèmes, ou bien elle est vivante, donc expansive (à l'infini) et l'on ne peut marquer avec précision qui est allemand, qui l'est encore, qui ne l'est plus. Il faut alors se borner à la langue-mère dans sa pureté et à partir de là délimiter l'espace national, en se souciant de la fraternité germanique.

La langue allemande selon Fichte a une histoire – bien évidemment elle n'est pas restée le dialecte des anciennes forêts de la Germanie. Mais elle a une identité indestructible. Prenons un simple exemple.

34. SW. Bd. VII, p. 313. Il convient d'accorder la plus haute importance au fait que dans le rapport de congruence l'élément géographique n'est pas déterminant.

Soit trois mots : humanité, popularité, libéralisme (35). Ce sont trois mots issus du latin. Un Français croira tout de suite savoir ce que ces mots signifient. Il ne s'aperçoit pas que sa langue est contaminée, qu'il ne parle pas le français, mais le néo-latin. Proposons ces mots à un Allemand ne sachant que l'allemand : selon Fichte il ne comprendra pas, bien qu'il s'agisse de mots très simples, et il saura qu'il ne comprend pas, tandis que le Français pensera savoir ce qu'il ne sait pas. Sa langue trompe le Français ; elle est remplie d'éléments morts. Sa langue ne trompe pas l'Allemand : bien que chargée d'histoire elle a conservé son originalité. Il s'ensuit deux conséquences. Premièrement l'Allemand est supérieur à tout autre peuple parce que sa langue est pure. Par là non seulement la langue allemande médiatise les deux piliers que sont la religion (36) et la philosophie et permet l'opération en laquelle viennent en congruence elle-même, l'Etat et la Nation, mais encore fonde la mission de l'Allemagne qui n'est point d'ériger une monarchie universelle (37), mais de répandre l'idée démocratique de la liberté intérieure au vrai patriotisme. Mais la seconde conséquence est à la fois logique et fantastique. Cette conséquence est logique : puisque la langue allemande est seule vivante, que les autres langues sont à demi mortes, il s'ensuit que la langue de la métaphysique sera l'allemand. Aussi la Doctrine de la Science en sa plasticité offre le meilleur exemple de la circulation permanente des symboles « directement clairs et compréhensibles » (38) autorisant la compréhension du supra-sensible. *La langue allemande est langue métaphysique :* « Les mots d'une telle langue, prise dans toutes ses parties, sont vivants et engendrent la vie » (39). Le penseur

35. SW. Bd. VII, p. 321.
36. SW. Bd. VII, p. 317.
37. La monarchie universelle est un vieux problème. Cf. Dante, *Monarchia*, I, II, I. XI ad fin, I, XIII, etc. Fichte voudrait une démocratie universelle soutenue par le patriotisme cosmopolite allemand.
38. SW. Bd. VII, p. 318.
39. SW. Bd. VII, p. 319.

allemand pourra non seulement penser, mais agir avec efficacité et cela se verra dans la théorie de l'éducation où l'enfant sera mis en contact avec une culture vivante, et si nous nous souvenons de la leçon de l'*Anweisung* que toute vie, si elle est vie, ne peut être que béatitude, nous mesurerons l'extraordinaire valeur de la langue allemande qui permet à la W-L de s'accomplir. Mais il faut bien dire que la logique côtoie le fantastique. D'une part il est clair que cet éloge profond de la langue allemande a été reçu par plus d'un comme la preuve qu'il n'était point de bonne philosophie qui ne dût se concevoir en allemand. On doit à certains lecteurs de Fichte l'idée diabolique que le vrai fondement de l'authentique philosophie est la langue allemande. D'autre part une époque encore proche vint en laquelle on pensait être plus intelligent en écrivant « à l'allemande ». Cette transformation fantastique eût effrayé Fichte. Mais ne discutons pas : jamais un philosophe ne peut interdire la déformation de sa pensée. Constatons seulement que Fichte – qui compare la langue allemande avec la langue grecque si vivante jadis chez Platon – est l'élément moteur de l'apothéose de la langue allemande en philosophie ; ce ne fut pas le lot de Hegel et de Schelling, et encore moins de Kant, qui jamais ne justifièrent avec autant de force et d'éclat la nécessité de la langue allemande. Avec Fichte : *allemand* signifiait *originaire*. On voit à présent toutes les conséquences et avec quelle précaution il faut lire dans le titre des *Discours* le mot : *allemand* (40).

39. SW. Bd. VII, p. 319.

40. Hansjürgen Werweyen, *Recht und Sittlichkeit in J.G. Fichtes Gesellschaftslehre,* Münich, 1975, développe avec beaucoup de précision ici la pensée de Fichte. Si dans le IVe *Discours* la langue française n'est même pas indiquée comme telle, c'est d'une part en raison de la censure découlant de Napoléon et d'autre part parce qu'elle se range au point de vue de la grammaire comparée dans la famille des langues italienne, espagnole, portugaise, que Fichte appelle néo-latines (p. 214, note 32). Hansjürgen Werweyen relève avec précision aussi que Fichte particulièrement in SW. Bd. VII, p. 121 (sie als ein Volk betrachtet... ein Urvolk, das Volk schlechtweg, Deutsche) joue avec l'étymologie du mot « deutsch ». Cf. Fr. Kluge, *Etymologisches Wörterbuch der deutschen Sprache,* 18e ed., Berlin, 1960).

Il est clair que la thèse de Fichte ne saurait être reçue. Même en se plaçant à un point de vue où la linguistique générale et la grammaire comparative sont écartées, on ne peut s'empêcher de penser que l'auteur de la W-L dans sa propre perspective commet un paralogisme. Tout porte ici sur le concept de pureté (Reinheit). Le *pur* est une notion équivoque. Le *pur* signifie ou bien la *pureté morale* et alors il confère une supériorité, ou bien la *pureté chimique* et alors il n'a plus qu'une signification ustensile, par exemple un *pur poison.* Or ce dont part Fichte c'est pour ainsi dire de la pureté chimique de la langue allemande et à ce point de vue on peut dire qu'elle a la pureté d'un poison ou la pureté d'un produit quelconque. De là il s'élève à la pureté de la langue allemande comme pureté morale impliquant supériorité. Il va sans détour de la pureté de ce qui existe à la pureté de la liberté morale. C'est un évident paralogisme. Certes d'un point de vue psychologique ce paralogisme est explicable : l'homme qui résiste à l'oppression est presque fatalement conduit à valoriser son champ culturel. Mais en revanche au point de vue philosophique, auquel Fichte entend se placer, le paralogisme doit être souligné et trois fois souligné en une philosophie qui se voulait perpétuel dépassement du donné. La thèse de Fichte n'a pas besoin d'être condamnée par l'appareil effrayant de la linguistique générale et de la grammaire comparative – elle se condamne elle-même philosophiquement.

IV. Les structures fondamentales sont en place : la philosophie achevée, la Réforme, la suprématie de la langue allemande ; il reste à déterminer les deux derniers éléments de la synthèse quintuple des *Discours* et qui sont d'une part l'éducation vraie et d'autre part les bénéfices patriotiques d'une bonne éducation. L'éducation doit être allemande, religieuse et philosophique. Allemande en ce sens précis qu'elle doit baigner dans l'univers de la langue allemande et par conséquent en contact avec le peuple allemand. Elle doit être religieuse, car on ne saurait bien la concevoir qu'à l'intérieur de la Réforme et qu'une éducation latine et papiste est pour le salut de l'Allemagne et du monde qu'elle doit entraîner derrière elle démocratiquement inconcevable. Elle doit être philosophique enfin puisque la relation au supra-sensible qu'enseigne la W-L est décisive. Ce que Fichte ne dit pas c'est à quel point d'abaissement il faut en être venu pour attendre (et c'est très long) la nouvelle génération. Mais nous le savons les *Discours à la Nation allemande* sont un livre pour le présent et pour demain.

Or un écrivain de langue allemande, Pestalozzi, a montré la voie (41). On ne peut oublier deux choses. D'une part Fichte a très bien connu Pestalozzi (42). En septembre 1788 à Zurich il connaissait déjà l'œuvre qui contribua à la gloire de son auteur : *« Lienhard und Gertrud »*, livre influencé par la philosophie sociale de Rousseau. D'autre part Rousseau n'est pas cité dans cette dernière grande œuvre de Fichte. De cela il ne faut pas s'étonner outre mesure. Certes dans les *Discours à la Nation allemande* cette exclusion se justifie par le souci de demeurer dans l'espace intellectuel allemand et on accorde à l'étranger une simple fonction d'incitation, dont se saisirent Luther et Leibniz. Mais ce qui doit étonner c'est le malaise de Fichte. En 1793 dans *Les Contributions* c'est à Rousseau qu'il reconnaissait le mérite d'avoir éveillé l'esprit

41. A. Stein, *Pestalozzi und die kantische Philosophie*, Tübingen, 1927.

42. Cf. A. Stein, op. cit., p. 126. E. Bergmann, *J.C. Fichte der Erzieher*, Leipzig, 1928, p. 26, p. 303 donne un exposé assez critique qui conclut qu'en 1807 la relation de Fichte à Pestalozzi n'est pas précisément radieuse. Mais cela ne doit pas empêcher de constater une certaine communauté de vues entre les deux hommes. Voir la lettre de Pestallozi à Emmanuel Fellenberg du 15 nov. 1793 in *Peztalozziblätter*, herausgegeben von der Kommission des Pestalozzistübchens in Zürich.

humain (43). Il ne peut donc pas le congédier facilement et une grande partie des modifications apportées aux thèses de Pestalozzi viennent de Rousseau, déjà présent dans les notes personnelles de Fichte en 1788. Comment oublier l'éloge de la Nation française dans la genèse de la W-L et comment détacher Rousseau de cet éloge ? Ajoutons pour parfaire la difficulté que Rousseau, si souvent proche de Fichte (44), est philosophe et que Pestalozzi ne l'était point. Il y a donc un malaise : il faut trouver l'*homme nouveau* de Rousseau chez Pestalozzi et cela parce qu'il est indispensable de demeurer dans l'espace allemand. Fichte assure avoir lu Pestalozzi sans préjugés et voici sa conclusion. « En étudiant Pestalozzi j'aurais pu, tout aussi bien qu'en étudiant Luther ou n'importe quel autre homme de même nature... exposer les traits fondamentaux de l'esprit allemand et démontrer, à la satisfaction générale, que cet esprit continue à vivre actuellement encore, avec toute sa puissance miraculeuse, dans tous les pays de langue allemande » (45). Rousseau, écrivain français, est, au moins selon la lettre, congédié.

1. Comment aborder Pestalozzi ? Les premiers *Discours* dans un style très noble posaient que la connaissance ne doit jamais être regardée seulement comme un moyen mais toujours en même temps comme une fin. Le concept d'utilité si cher à Rousseau et à Pestalozzi est rejeté dans l'accessoire. Sans doute une connaissance qui serait sans utilité, chimérique ne mériterait aucun respect. Mais Fichte s'est toujours fait une idée précise de la connaissance : « Ce que l'on choisit comme philosophie dépend de l'homme que l'on est : un système philosophique n'est pas, en effet, un instrument mort, que l'on pourrait prendre ou rejeter selon son

43. Ce n'est pas Hume qui a été évoqué par Fichte, car il n'a fait qu'une très petite chose : secouer le sommeil dogmatique. Rousseau a éveillé « l'esprit humain ». GA, I, I, p. 229. Cf. A. Philonenko, *Théorie et praxis...*, p. 105.

44. A. Philonenko, *Rousseau et la pensée du malheur.*

45. SW. Bd. VII, p. 402.

bon plaisir ; mais il est animé par l'esprit de l'homme qui le possède » (46). Ce qui vaut du système constituant la Doctrine de la Science vaut de toutes les connaissances. En effet toute connaissance, si médiocre soit-elle, suppose l'amour de la vérité et cet amour se réfléchit sur la personnalité de telle sorte qu'aimant la connaissance je me détermine comme libre personnalité : « Mais revenons à l'élève de l'éducation nouvelle. Il est évident que poussé par l'amour il apprendra bien des choses. En outre, comme il comprendra tous les sujets avec leurs rapports et les mettra tout de suite en pratique, ses connaissances seront justes et inoubliables. Tout cela n'est cependant qu'accessoire. Ce qui est plus important, c'est que par cet amour il élève la personnalité propre et la fait entrer par une méthode régulière et réfléchie, dans un ordre de choses tout nouveau... cet amour constitue la nature générale et la forme du vouloir moral » (47). Dans les derniers *Discours* Fichte reviendra sur cette idée en laquelle nous apercevons non seulement la hardiesse calme de la spéculation de la W-L, mais aussi l'*héroïsme éthique* dont l'expression n'a jamais été aussi vive chez Fichte. L'éducation fichtéenne n'est en aucune manière l'expression de quelque misérabilisme moral : ce à quoi rêve l'auteur de la W-L c'est au dépassement cornélien de soi par soi. Dans l'éducation où la connaissance est regardée comme fin en soi, on ne formera pas de doux contemplatifs, mais des héros. Non pas des aventuriers, ni même des sages comme chez Rousseau qui préfère la vertu à la sagesse, mais des hommes rigoureux sachant s'élever au-dessus d'eux-mêmes (48).

2. Or c'est cette vue perçante qui a fait défaut à Pestalozzi. Dans ses premières œuvres et dans ses premières tentatives il est guidé par une idée louable, mais fausse dans sa généralité – il veut venir en aide aux malheureux et aux miséreux. Et à cela il voyait deux

46. GA. I. IV, p. 193. 47. SW. Bd. VII, p. 290.
48. Ibid.

mesures : d'une part, dans son cœur aimant (in Pestalozzis liebendem Gemüte), il surestimait la lecture et l'écriture, passeports pour les plus démunis (49) ; d'autre part il entendait prodiguer une éducation courte (50). Fichte n'est pas en accord avec Pestalozzi en ceci. Tout d'abord il ne faut pas, si l'on nous permet d'user d'une expression moderne, concevoir une éducation pour handicapés sociaux. Ce qu'il faut c'est une éducation nationale, populaire en son juste sens qui ne s'adresse ni à la populace, ni au vulgaire. Ce qui est requis est l'éducation nationale allemande sans distinction de classe (51) et la vision de Pestalozzi doit être élargie. Et ensuite Fichte récuse vivement la rapidité : « Il faut complètement renoncer au misérable désir de voir l'éducation se terminer au plus tôt pour permettre à l'enfant de gagner sa vie par le travail ». On dira qu'il y a là une réminiscence de Rousseau croyant que l'art d'éduquer consiste à retarder. Nous ne le pensons pas vraiment. Fichte en premier lieu ne veut pas d'une éducation pour ainsi dire bâclée. Mais en second lieu il ne voit pas dans les établissements d'enseignement des instituts seulement pragmatiques, mais un milieu où, toutes classes confondues, la jeunesse allemande doit se former (52),et cela demande du temps.

3. Mais d'autres considérations sont nécessaires avant d'aller plus loin et nous pouvons nous attarder, car c'est le sommet pratique et moral de la philosophie

49. SW. Bd. VII, p. 151 sq.
50. Cf. A. Stein, op. cit. p. 202.
51. SW. Bd. VII, p. 405, 277-278.
52. La jeunesse allemande ce n'est pas seulement le jeune homme allemand. C'est aussi la jeune fille allemande et cela parce que l'Allemand a besoin d'une épouse allemande. On ne dispensera pas l'enseignement dans des établissements séparés par le sexe. Ce sera pour tous et toutes la même école, SW. Bd. VII, p. 422 sq. Cette vue est très nouvelle. Il est inutile de gloser sur le fait qu'admettant des Instituts pédagogiques Fichte se sépare de Rousseau. Kant a dénoncé les vues irréalistes de l'*Emile*. Mais ce qui est important est la volonté de voir se créer des écoles mixtes et de ne pas séparer les sexes. En ceci notre modernité se reconnaît dans la pensée de Fichte. Peut-être à tort – mais c'est une autre question.

de Fichte qui se dévoile peu à peu. Pestalozzi élargissant ses vues, ne regardant plus seulement les malheureux, considère que l'éducation s'opérant dans le sein de la famille conduit à la société. C'est en 1807 pour Fichte une vue beaucoup trop vague. C'est à l'éducation nationale qu'il faut parvenir. Sans doute peut-on estimer comme Meinecke que la formation nationale « ne signifie rien de plus et rien de moins que formation humaine complète » (53). Cependant il se trouve en ce jugement une évidente erreur, semble-t-il, puisque l'on pourrait rejoindre les vues douceâtres et fades de « l'humanisme ». Or si la formation nationale est humaine elle ne doit pas se perdre en « humanité, libéralisme, popularité, ... ce qu'en bon allemand nous nommons relâchement et conduite sans dignité » (54). A quoi nous conduirait l'orientation de l'éducation vers la société ? Nulle part ailleurs qu'à l'Etat qui ne signifie qu'une organisation sociale formelle et non à la Nation comme totalité historique concrète se développant elle-même. E. Lask considérait le grand mérite de Fichte en ce point – l'auteur de la W-L dépassant la plate philosophie de l'*Aufklärung* avait été le premier « qui sût s'élever de l'Etat jusqu'à la Nation » (55). Et l'éducation est le centre nerveux de ce passage. C'est une question évidemment insoluble que celle de savoir à partir de quand, et comment, Fichte acquit cette conception dans toute sa fermeté. Dans tous les cas il est clair qu'en 1807 la Nation se concrétise dans l'éducation, se forme en elle. Nous trouvons chez beaucoup de penseurs – surtout des historiens – qui précèdent Fichte des données, des préludes ; mais nous ne trouvons pas le concept saisi avec tant de rigueur.

4. Fichte s'est inspiré de Pestalozzi comme on a coutume et raison de le dire. Mais dans le *Discours* IX il souligne

53. F. Meinecke : *Weltbürgertum und Nationalstaat* (5e ed), p. 98.

54. SW. Bd. VII, p. 270. Voir plus haut, Ch. III, et SW. Bd. VII, p. 321.

55. E. Lask, *Fichtes Idealismus und die Geschichte, Gesammelte Schriften*, Bd. I, p. 258.

que le grand pédagogue « ne possédait qu'à un degré minime les ressources les plus ordinaires de l'éducation savante d'alors » (56) et précise sans cesse qu'il faut corriger ses vues et parfois profondément (57). On a l'impression que Pestalozzi n'est là que pour servir le discours de Fichte et que réputé comme philosophe plutôt que comme éducateur l'auteur de la W-L a trouvé en Pestalozzi son « alibi ». Nous ne discuterons pas de l'importance de la différence des caractères des deux écrivains : contentons-nous de dire que Pestalozzi n'avait pas une pensée énergique comme Fichte (par ailleurs si émotif). Mais il y a un problème sur lequel nous ne pouvons pas ne pas attirer l'attention, même si nous ne pouvons le résoudre dans ce volume. Et c'est que Fichte a influencé profondément Pestalozzi. Il y a donc dans les reprises de Fichte une correction de son propre message. C'est encore Arthur Stein qui a donné les éléments les plus précieux à ce sujet (58) et nous ne pouvons que renvoyer à son travail.

5. Quelle est dans l'éducation l'erreur à éviter par-dessus tout ? C'est de s'attacher à la *mémoire*. La mémoire si elle n'est pas au service de l'esprit est une torture pour l'intelligence ; elle procure une éducation apparente dépourvue de vie (59). C'est une idée très ancienne chez Fichte. En 1795 à un endroit vraiment stratégique dans l'exposé de la W-L, c'est-à-dire à la fin du paragraphe cinquième, troisième partie, là où il établissait enfin l'Idée formant la pierre angulaire dans la Doctrine de la Science, il rédigeait la note suivante : « La Doctrine de la Science doit rendre compte de l'homme tout entier ; elle ne peut par conséquent être comprise qu'avec la totalité de ses facultés. Aussi longtemps qu'en un si grand nombre d'hommes

56. SW. Bd. VII, p. 404. 57. SW. Bd. VII, p. 406 et suiv.

58. A. Stein, op. cit. p. 125 sq. M. Frick a rédigé une thèse très importante et très remarquable sur Pestalozzi. Nous ne savons pas encore si ce travail considérable sera édité intégralement.

59. SW. Bd. VII, p. 275 et surtout p. 289.

la formation d'une faculté de l'esprit (Bildung) sera sacrifiée au profit d'une autre, l'imagination au profit de l'entendement, l'entendement au profit de l'imagination, ou l'une et l'autre au profit de la mémoire, la Doctrine de la Science ne pourra être une philosophie universellement valable ; elle devra jusque-là se confiner en un cercle étroit. – C'est là une vérité tout aussi désagréable à dire qu'à entendre, mais c'est tout de même une vérité. » (60). Le propos est lourd de sens et doit être entendu aussi bien suivant le contenu que suivant la forme. Suivant le contenu ce n'est pas la mémoire qui doit être la mesure de l'imagination créatrice, mais l'inverse : il y a des choses qui ne doivent pas être oubliées : par exemple les grands moments du triomphe du fanatisme ; mais devant les périls du monde on n'a *peut-être* pas besoin de connaître toutes les espèces de fourmis suivant leur désignation latine. Le *peut-être* signifie ici une hiérarchie des urgences. Toujours dans ce sens on se méfiera des cervelles pour ainsi dire hydrocéphales, qui se bornent à absorber des connaissances dont l'utilité est pour le moins problématique. Pestalozzi ne paraît pas s'être enferré dans cette difficulté. Dès 1795 Fichte déplace de la mémoire à l'imagination créatrice (61) le sens de la formation de l'homme comme formation (Bildung) authentique et en ce sens se sépare de la méthode de Basedow. Mais il faut aussi considérer l'aspect formel. Toute opération de la mémoire, sans faire exception même pour la réminiscence platonicienne, consiste à regarder

60. GA, I, II, p. 415. Cf. *La liberté humaine...* Le refus fichtéen de la mémoire est d'autant plus sincère que l'auteur de la W-L était pour son propre compte possesseur d'une mémoire prodigieuse. Tout enfant il récitera après avoir seulement entendu un sermon tout le texte de celui-ci. Xavier Léon, T. I, p. 33 rapporte le fait qui dans une certaine mesure décida du sort de Fichte. Notre philosophe était un hypermnésique qui méprisait la mémoire.

61. GA. I, II, p. 414-415. Déplacement n'est pas élimination. Il serait absurde de prétendre que Fichte a totalement banni la mémoire – mais il ne lui accorde qu'une fonction subordonnée.

derrière soi, à s'avancer dans le domaine des choses mortes. De la mémoire ne surgit jamais la pensée du projet, comme ouverture à l'avenir. Même les blessures qui fermées ne cessent de faire mal (c'est là leur gloire) ne dictent pas l'avenir ; tout au plus elles disent qu'il y a quelque chose à faire, sans jamais préciser ce qu'il faut faire. Nul penseur n'a été *ab initio* plus décidé à célébrer l'avenir vivant que Fichte. Suivant la forme, négation du projet, la mémoire doit être considérée comme une faculté très inférieure. Fichte a-t-il été influencé par Kant en ceci, et n'est-il qu'un disciple du philosophe de Königsberg ? C'est peu probable. Les idées de Kant très importantes sur la pédagogie, idées qui impliquent une condamnation de la mémoire, ne furent éditées qu'en 1803, alors que Fichte avait déjà arrêté ses thèses (62). On peut seulement observer qu'un sentiment de défiance envers la mémoire se faisait jour ici et là. Mais il devait appartenir à Fichte de lui donner une forme achevée et si nous en avions le loisir et sans briser notre développement nous pourrions montrer que le refus de la mémoire intervenait *à chaque moment* de sa pensée générale, non seulement dans les versions de la W-L *stricto sensu,* mais encore en sa pensée populaire religieuse. Aussi n'est-il pas étonnant de voir se glisser dans la théorie de l'éducation les principes de la W-L.

Dès lors que les grandes lignes sont mises en place la théorie de l'éducation allemande peut se développer concrètement.

1. Rejetant, comme Kant, toute idée de dressage, Fichte énonce sa présupposition fondamentale : l'enfant porte en soi un élan naturel vers le bien suprême qui est le bien moral (63). Nous n'avons pas à créer cette aspiration, en un sens innée comme la liberté et la raison

62. Une simple confrontation des dates permet de le supposer. En ce qui touche Kant nous renvoyons à notre travail. E. Kant, *Réflexions sur l'éducation,* 4e ed. 1984.

63. SW. Bd. VII, p. 417.

pratique (64). Il ne faut pas penser qu'un enfant apprend sous la seule incitation d'autrui. Le mouvement vers le savoir est naturel et c'est le contrarier que de vouloir le fortifier en usant de récompenses, de louanges ou de distinctions. Par exemple si un élève doué apprend « plus vite et mieux », nous n'y sommes en un sens – ce sens étant le dressage – pour rien : « il convient de ne voir là qu'un simple phénomène naturel qui... ne doit, en aucun cas, faire passer sur les défauts éventuels » (65). Il n'y a qu'une récompense – si c'est une récompense puisque l'hédonisme est fondamentalement écarté – et c'est l'intégration de l'élève par lui-même dans la collectivité éthique, qui n'est pas seulement la soumission forcée aux lois, mais l'adhésion à un univers moral où ce qu'il y a de plus égoïste peut-être chez l'enfant, je veux dire l'estime qu'il se porte, se trouve confirmée par l'estime d'autrui. Et cette jonction fonde l'assurance, la confiance en soi (66). Le souci de Fichte est clair. D'une part, bien entendu, il se souvient de Rousseau et veut en tirer le meilleur parti : la spontanéité morale doit se transformer en liberté éthique (67). D'autre part on doit reconnaître le rôle de l'éducateur comme observateur de l'histoire pragmatique de l'esprit humain (68). Le seul éloge admis, bien qu'il doive être discret, est celui qui porte sur le dépassement de soi. La règle majeure qui doit servir de garde-fou à l'éducation, c'est de ne point traiter l'enfant comme un instrument (69).

2. Le principe fondamental posé, on peut se demander ce que l'enfant doit apprendre d'abord. « Pestalozzi part de ce principe très juste, que le premier objet

64. Comme le propos n'est pas spéculatif, mais à beaucoup d'égards psychologique nous nous servons de l'expression *inné*.

65. SW. Bd. VII, p. 418-19. 66. SW. Bd. VIII, p. 419.

67. SW. Bd. VII, p. 423.

68. *La liberté humaine...*, p. 317 sq.

69. « Er sieht sich sodann als ein blosses Werkzeug, und dies empört sein zwar dunkles, aber dennoch nicht abwesendes Gefühl, dass er durch sich selbst einen Wert haben müsse », SW. Bd. VII, p. 415.

de la connaissance de l'enfant doit être l'enfant lui-même » (70). Ce principe doit cependant être affiné, car on pourrait bien penser que le corps de la mère est plus accessible et plus visible pour l'enfant (71). Tout est compliqué par le fait que l'usage du corps, comme le suggère Fichte assez obscurément, est mis en œuvre sans que l'enfant possède une claire connaissance de celui-ci. En un sens l'homme agit avant de savoir. La difficulté est encore augmentée par le fait qu'il existe bien une connaissance qui n'est pas « une connaissance véritable, mais un simple exercice de mémoire où l'on apprend par cœur des vocables » (72) et que soutient une « estime exagérée de la parole » (73). Il faut donc réformer cette orientation en produisant selon l'esprit de Pestalozzi un ABC des sensations. Il s'agit d'amener l'enfant à une compréhension claire de son corps – l'intention de Fichte n'est nullement de conduire l'enfant à un dictionnaire des sensations. On sait bien assez la répugnance de Fichte pour une terminologie rigide. L'ABC des sensations reposera bien plutôt sur un discours parfaitement, clairement intelligible. Ce discours est beaucoup moins orienté vers une classification morte, que vers une expression à la fois précise et intelligente, ne négligeant pas les nuances et mettant en lumière la *différence*, travail immense qu'étaye la liberté soucieuse de se faire comprendre d'autrui (74). Un contact s'établit entre l'enfant et nous, tandis que dans la culture de la sensibilité les mots ne cachent pas les choses, mais en sont les humbles serviteurs. Et en même temps que l'enfant devient maître de soi ou du moins conquiert son *moi* (75), il se prépare à participer au *Cogito plural*. Le

70. SW. Bd. VII, p. 407.

71. Ibid. En repoussant cette idée Fichte veut dire que l'éducation comprend un principe d'arrachement, un désir ou une volonté d'être pour-soi.

72. Ibid. Il est significatif que Fichte tienne *ab initio* à lutter contre la mémoire.

73. Ibid. 74. SW. Bd. VII, p. 408. 75. Ibid.

moi conduit au *nous,* ce qu'aucun dictionnaire ne peut faire. Il est clair que la philosophie fichtéenne de l'intersubjectivité (76) dicte cette approche et que seule la liberté peut venir en aide à la liberté (77). Enfin il est évident que seule la conception de la langue dans les *Discours à la Nation allemande* autorise ces thèses philosophiques. Dès sa naissance et ses premières années l'élève est plongé dans la réalité linguistique allemande.

Fichte estime d'une part que cet ABC des sensations porte loin. Nous n'en finissons pas de nous expliquer le monde et il croit en particulier que cela s'étend jusqu'à la mathématique élémentaire par la théorie des relations de nombre et de mesure (78). Mais d'autre part, et Pestalozzi ne l'a pas vu avec une grande clarté, la connaissance que l'enfant doit posséder de son corps n'est pas une connaissance purement empirique : elle se rattache à cette totalité spirituelle que compose le moi dans son intégralité. L'ABC des sensations regarde moins les choses que la personne. L'essentiel consiste dans le développement de la libre parole qui me permet de mieux communiquer avec autrui (79). Bergmann a bien lu la lettre du texte fichtéen, mais ne s'est point avisé assez de l'importance du facteur linguistique qui est le moment essentiel parce que tout ce qui s'accomplit s'accomplit dans l'espace linguistique allemand et possède une importance capitale. Si l'on voulait transposer dans l'espace linguistique néo-latin l'ABC des sensations ou de l'intuition on aboutirait selon Fichte à un désastre mérité.

76. Cf. *La liberté humaine*...., passim.

77. Plus radical que Kant(cf. A. Philonenko, introduction des *Réflexions sur l'éducation*) Fichte n'admet aucun moyen terme, si ce n'est les obstacles que la liberté en se posant s'oppose. C'est pourquoi Fichte fait subir une transformation brutale à l'idée de mal radical chez Kant ; ce n'est plus impureté (Unlauterkeit), mais seulement inertie et paresse. Cf. mes notes concernant *La Religion dans les limites de la simple raison* in *Oeuvres de Kant,* Pléiade, T. III.

78. E. Bergmann, *J.G. Fichte der Erzieher,* p. 318-319.

79. Kant, AK. Bd. VII, p. 408.

3. Fichte réclame aussi un ABC de l'activité de l'enfant. Je ne suis pas seulement un être qui perçoit le monde, mais aussi qui agit sur lui en agissant sur moi. On ne peut ici que citer un propos qu'il attribue à Pestalozzi : « Frapper, porter, lancer, pousser, tourner, lutter, balancer : voilà les exercices les plus simples de la force physique. Il y a une gradation naturelle, qui va du commencement jusqu'à la maîtrise parfaite de ces exercices, jusqu'au degré suprême de la force nerveuse qui, tout en les variant à l'infini donne au coup et à la poussée, à l'élan et au lancement du poids leur maximum de précision, à la main et au pied leur maximum de sûreté » (80). Ceci, écrit Fichte, rejoint l'éducation physique telle que la concevaient les Grecs. Mais selon toute apparence il semble estimer que nous avons perdu tout l'héritage de la Grèce en ceci : « Dans cet ordre d'idées, écrit-il, tout est à refaire, car Pestalozzi ne nous a pas laissé cet ABC de l'art (Kunst) ». Mais même sans Pestalozzi ce jugement est un peu étonnant chez un penseur allemand de cette époque et familier avec l'art de la guerre. Fichte devait bien savoir que les troupes prussiennes étaient soumises à un entraînement rigoureux et plus simplement encore puisqu'il connaissait *L'Art de la guerre* de Machiavel, il ne devait pas ignorer qu'on avait établi des principes d'exercice raffinés (81). La chose est peut-être regrettable à dire, mais les armées connaissaient depuis longtemps cette éducation physique que Fichte cherche en vain chez Pestalozzi. On ne peut expliquer, semble-t-il, cette étrange ignorance que par le souci de ne point laisser s'effondrer le patriotisme dans un pur militarisme : l'enfant fichtéen doit être exercé en tant que force, non comme

80. SW. Bd. VII, p. 410.

81. *Nachgelassene Werke,* Bd. III, p. 415, cf. H. Hobohm, *Machiavellis Renaissance der Kriegskunst,* Berlin, 1913, 2 vol. Cf. surtout pp. 146-47 du Bd. II. Plus généreux se montre P. Pieri, *La crisi militare nel Rinascimento,* Naples, 1934. Mais tout le monde avec Ridolfi, *Machiavel,* Paris, 1960, s'accorde pour souligner que théoricien important, Machiavel était incapable de faire dans la pratique manœuvrer un demi-régiment.

machine à tuer. A dire la vérité Fichte était soucieux de ne pas commettre, au nom d'une actualité brûlante, un faux pas pour l'avenir : enthousiasmé par l'épanouissement de la liberté, à part sa conviction que l'infanterie était la reine des batailles, il n'était pas précisément militariste. Certes il indique qu'un tel ABC de l'art servirait à une nation « dont le double objectif est de reconquérir son indépendance et de la conserver à l'avenir » (82). Au demeurant il ne peut dire autre chose. Mais il n'insiste pas lourdement d'autant plus que cet ABC de l'art supposerait bien moins la langue allemande que la connaissance générale de la machine humaine, ce qui est l'affaire de n'importe quelle nation.

4. Que dirons-nous de l'ABC moral ? L'éducation des sens et de l'intuition d'une part, l'éducation physique d'autre part, semblent supposer un élément qui les dépasse : la vie culturelle éthique. Mais il faut être sage. On ne peut concevoir trois stades – l'aspiration éthique à la liberté est déjà présente dans l'éducation de l'intuition et l'éducation physique et tout ce qu'elle comprend la pré-suppose aussi. L'éducation se donne certes comme une suite d'étapes, mais il la faut concevoir comme un monogramme éthique. En celui-ci Fichte accorde, comme Rousseau, un primat à l'éducation manuelle (83). Le sommet d'une éducation nationale ne consiste pas à forger des savants, mais des hommes sachant travailler et il reproche à Pestalozzi d'avoir eu des vues trop courtes, mais floues parce que l'auteur de *« Wie Gertrud... »* ne possède pas une philosophie déterminée (84). Cependant, même s'il y a beaucoup de points d'accord entre Rousseau et Fichte l'orientation est très différente : Emile est un sauvage fait pour habiter les villes et vagabonder au gré de son humeur de l'une à l'autre, pure égoïté absolue qui possède son

82. SW. Bd. VII, p. 411. 83. SW. Bd. VII, p. 424.
84. SW. Bd. VII, p. 409.

ailleurs : les villes (85). En revanche le jeune travailleur fichtéen doit être chez lui dans la Nation allemande. Il va de soi qu'indispensable, le travail manuel n'est pas essentiel : il doit s'inscrire dans la culture en général et sera le moyen pour que « la communauté reste indépendante et se suffise à elle-même » (86). Mais alors, comme on pouvait le pressentir, Fichte rejette de l'éducation comme moment essentiel, l'apprentissage de la lecture et de l'écriture : « Dans ces conditions, la lecture et l'écriture ne serviront à rien dans l'éducation nationale... Ce n'est que lorsque l'éducation est complètement terminée que l'on pourra donner à l'élève, comme dernier cadeau et viatique la lecture et l'écriture... » (87). Ce n'est pas la lecture, ainsi que l'écriture, qui déterminent la culture, mais c'est l'inverse. Fichte rejoint les leçons de Rousseau et de Platon.

5. Mais le savant, c'est-à-dire le philosophe ? Dans les *Discours à la Nation allemande* Fichte n'explique pas génétiquement l'apparition du savant et peut-être ce faisant songe-t-il à lui-même. De famille très modeste il a été découvert comme un futur savant lors de l'épisode de la récitation du sermon qu'il accomplit devant de grands personnages ébahis (88). Mais souvenir ou pensée il n'a jamais songé au philosophe roi. Le savant auquel on enseigne, par exception très tôt, l'écriture et la lecture doit avant tout être l'homme qui *propose*, qui voit plus loin que l'avenir immédiat (89) et de plus la formation nationale le guidera dans sa fonction de proposition, car il est exclu qu'il échappe à cette formation. Le philosophe doit surgir du peuple et y retourner dans le va et vient cordial de la pensée.

V. Il faut à présent exprimer le bénéfice qu'attend Fichte de cette éducation. Il est à lire au présent et

85. A. Philonenko, *Rousseau et la pensée du malheur*, T. III, p. 157 sq.
86. SW. Bd. VII, p. 425.
87. SW. Bd. VII, p. 406.
88. Cf. Xavier Léon, op. cit., T. I, p. 33.
89. SW. Bd. VII, pp.. 397-427.

à l'avenir. Au présent Fichte espère que les adultes se réformeront eux-mêmes. Evidemment ce n'est qu'une espérance, seulement justifiée par l'écho de son livre. Les enfants, dit-il, prennent modèle sur nous. Si nous voulons les éduquer, retrouvons notre propre dignité (90). Tâche difficile : nous devons penser que nous ne sommes pas purs, nous avons perverti l'enfance (91). Non point parce que nous sommes pécheurs, mais parce que nous le sommes devenus (92). en nos défaites de bon cœur acceptées. Où Fichte place-t-il le lieu effectif (wirklich) de son espérance ? D'abord dans une division inouïe : les enfants doivent être arrachés à leur milieu familial, rassemblés sans distinction de sexe dans des établissements publics. On ne peut, lisant les dernières pages des *Discours à la Nation allemande,* ne pas être saisi par l'audace de cette pensée. Certes Fichte n'était pas le seul à constater la déchéance de l'école allemande que j'ai esquissée dans un commentaire de Kant et de ses *Réflexions sur l'éducation* (93). Mais Fichte allait encore plus loin croyant absolument que « c'est au fond de l'éducation que gît le grand secret de la perfection de la nature humaine » (94). – Kant disait : « Si seulement un être d'une nature supérieure se chargeait de notre éducation, on verrait alors ce que l'on peut faire de l'homme » (95). Et c'était là preuve de résignation. Mais Fichte constatant le présent, c'est-à-dire nos faiblesses, ne se résigne pas. Il y a un être supérieur qui ouvre l'avenir de l'homme et son avenir, et c'est l'Etat. Il ne faut absolument pas s'en remettre à l'éducation ecclésiastique, uniquement préoccupée, quand elle ne quitte pas son chemin pour suivre des chemins douteux, du salut éternel de l'âme. Sans doute Fichte révère-t-il le christianisme tel qu'il s'est fixé dans l'Evangile de saint Jean. Mais il faut savoir sérier les problèmes et distinguer

90. SW. Bd. VII, p. 415.
91. SW. Bd. VII, p. 421. 92. Ibid.
93. E. Kant, *Réflexions sur l'éducation,* 4e ed, p. 14 sq.
94. Kant, SW. AK, Bd. IX, p. 444. 95. Ibid, p. 443.

les compétences et les pouvoirs. Pour faire son salut, la religion est indispensable ; mais ceci ne suppose aucune éducation spéciale (96). L'éducation a une fin, un but terrestre et tant mieux, mais ce n'est pas nécessaire dans la rigueur philosophique, si l'éducation « en vue du ciel » s'y ajoute. *L'éducation nationale est d'abord laïque* (ce « d'abord » ne signifiant pas *uniquement*).

Et alors se pose la question vraie : comment amener l'Etat à concevoir qu'il doit protéger, animer et développer l'éducation nationale ? Précisons immédiatement que l'Etat, moment formel, par rapport à la Nation, universalité concrète, peut se sentir bien à tort certes, dégagé du problème national. Mais Fichte étale ses meilleurs arguments. Tout est une question d'argent au point de départ. Or en cette question l'essentiel est de conduire l'Etat à *investir* dans une jeunesse fière et pure. On touche le point sensible en observant que l'éducation nationale rendra inutile « l'armée de métier », coûteuse, indisciplinée, peu efficace, en formant la jeune génération qui « constituera naturellement une armée telle que les siècles passés n'en ont pas vu de semblable » (97). Toute armée suppose une dépense – autant affecter cette dépense au peuple que « nul ennemi ne vaincra » (98). L'Etat doit en subventionnant l'activité de l'éducation nouvelle préparer la Nation à se défendre par la force des armes. Payer des mercenaires est une aberration profonde. Tous les autres arguments de Fichte sont faibles, si on les compare à celui-ci.

Par exemple il se félicite de la diversité des Etats allemands pour pouvoir s'appuyer sur une saine émulation, chaque Etat s'appliquant à devancer l'autre dans la voie de la régénération patriotique. La Nation allemande possède donc son dynamisme interne – « luttant

96. SW. Bd. VII, p. 430.
97. SW. Bd.VII, p. 431. 98. Ibid.

pour la vie » (99) elle lutte obscurément pour soi : « C'est un bonheur pour nous, en cette circonstance, qu'il existe encore des Etats allemands différents et distincts les uns des autres. Cette situation qui nous fut tant de fois préjudiciable, pourra peut-être nous être utile dans cette grave affaire nationale. L'émulation entre plusieurs Etats, le désir de se dépasser réciproquement, feront peut-être ce que la calme suffisance de chacun n'aurait pu faire » (1). L'Etat de nécessité a pour fin l'Etat culturel. Contrairement à ce que pense G. Vlachos l'Etat de nécessité n'est pas là pour anéantir l'Etat humaniste – qu'il présuppose en sa détresse – mais il est en vue de celui-ci (2). Au demeurant la Nation allemande possède une limite interne qui lui interdit tout expansionnisme général. C'est que liée à la langue allemande, elle ne peut vouloir par la *seule* vertu des armes prétendre dominer le monde. Si elle veut dominer le monde ce ne sera pas par le fer ou le sang, mais par la diffusion de sa culture et de sa langue, capables d'englober sans distinction tous les hommes. La mission de la Nation allemande est d'abord culturelle. Certes en ses lignes intérieures l'Allemagne a besoin, on l'a vu, d'une armée, mais non point pour se livrer à quelque agression, mais pour défendre la mère-patrie : « Les Allemands devraient bien, au lieu d'un simple badinage et de tentatives en vue d'un résultat problématique et comme fins de leurs réflexions, s'habituer à penser, comme si le fruit de leurs méditations devrait être l'expression de la vérité et se réaliser dans la vie » (3). Il faut en finir avec l'absurde contre-sens qui conduit l'Allemand à vouloir être juste envers l'étranger et injuste envers soi (4). L'Allemand doit être juste envers l'un et l'autre. Il ne doit pas saluer la défaite en insultant ses gouvernements et ses maîtres (5), mais savoir qu'il a été odieusement

99. SW. Bd. VII, p. 455 : « Wir ringen ums Leben ».
1. SW. Bd. VII, p. 437-438.
2. G. Vlachos, op. cit., p. 195.
3. SW. Bd. VII, p. 470.
4. SW. Bd. VII, p. 471.
5. SW. Bd. VII, p. 477.

agressé. L'Allemand trop sérieux, naïf et de bon cœur n'a pas à prononcer sans cesse son *mea culpa* – il doit user sa maladresse et sa lourdeur d'esprit pour départager équitablement les fautes. Sinon tout part à vau l'eau. Les espérances de la culture allemande seront abattues, on retombera du patriotisme dans le fanatisme. L'Allemagne, comme il découle de la limitation interne indiquée, n'a comme ambition que de « reposer sur elle-même au centre de la terre civilisée comme le soleil au centre du monde » (6). Comme les rayons du soleil sa culture doit, sans rien perdre d'elle-même ce faisant, diffuser sa clarté dans le monde. Sa vocation n'est point la conquête : « L'Allemand est tout aussi étranger à la liberté des mers » (7). L'*empire des mers* n'a pas de sens comparé à la culture. Lorsqu'un Empereur allemand déclara que l'avenir du Reich était sur les mers, en dépit de ses rodomontades, il était à mille lieux de la pensée de Fichte.

Nous n'avons pu qu'exposer brièvement les *Discours à la Nation allemande*, livre si critiqué qu'on peut bien penser qu'il n'a pas été compris. Il aurait été nécessaire de mieux définir les relations de ce texte avec la W-L d'une part, en sorte que le concept de vie lié à celui de science apparût plus clairement, et de mieux dégager les implications économiques en rapport avec l'*Etat commercial fermé* d'autre part. Si bref que soit notre exposé nous pensons que la thèse de X. Léon concernant les *Discours* demeure pertinente. Nous ne pensons pas, en revanche, que P. Ph. Druet dans sa thèse remarquable (*De l'anarchie à la dictature éducative* (8)) ait pleinement raison. Certes les *Discours* se comprennent à partir de données extérieures, dont

6. SW. Bd. VII, p. 464. 7. SW. Bd. VII, p. 465.

8. La remarquable thèse de P. Ph. Druet est demeurée inédite. Examinateur j'ai remis le manuscrit dactylographié au Collège de Philosophie animé par A. Renaut et Luc Ferry où il peut être consulté. Le petit livre de Druet sur Fichte publié chez Seghers est un résumé intelligent de cette thèse dont, en dépit de quelques critiques, je ne puis que souligner la valeur.

la plus éminente se trouve être celle de l'homme sans nom, mais il y a un mouvement intérieur beaucoup plus important qui s'amorce dans la réflexion sur la langue allemande et qui, selon nous au moins, se manifeste dans le style à la fois simple et très recherché. Mais la méthode de Druet – développement à partir de fondement externe – s'est malheureusement traduite par une faute lisible dans le titre même de sa thèse. Au dessus de l'anarchie et de la dictature éducative, on trouve la liberté humaine qui dans les *Discours* s'éclaire par un retour réfléchi vers le peuple allemand, appelé à la vie démocratique comme l'avait bien vu X. Léon. Comme tout homme Fichte a pu évoluer, mais il a su toujours conserver les aspects les plus précieux de son itinéraire et si c'est une faute de s'enrichir en progressant, il a été capable de la commettre à tout moment, ce qui n'est pas le cas de tout le monde.

Quant à l'histoire de la rédaction et de la réception des *Discours à la Nation allemande* elle se trouve être fort longue et c'est vraiment une question singulière de savoir si un Français de bonne foi n'y trouve pas plus son compte qu'un Allemand. Fichte s'exprimait au nom d'un peuple en la détresse, mais il ne fit pas intervenir l'idée d'une « revanche », et encore moins d'un quelconque impérialisme, et encore moins l'idée de race, qui n'appartenait absolument pas à la philosophie biologique de son temps dans le sens que les années terribles confèrent à ce terme. Tout repose sur l'éducation qui est à elle-même sa fin et son moyen, puisqu'au fil des générations elle doit réagir sur elle-même et se perfectionnant, perfectionner l'homme.

CONCLUSIONS

On concevra bien que par sa dimension cet ouvrage ne peut être qu'une introduction à la pensée de Fichte. On s'efforce en général dans les « bonnes » introductions de présenter la pensée de l'auteur comme dénuée de contradiction. Mais nous n'avons pas du tout suivi cette règle. Si nous nous sommes efforcés d'éliminer les contradictions, de montrer les points de passage corrects, c'est parce que nous croyons fondamentalement que Fichte ne s'est jamais contredit. En 1806 il indique comme modèle la W-L dans l'exposé de 1794-95 (1) et il le peut et le doit, non seulement parce que la W-L accessible au lecteur est celle-là et celle-là seulement, mais aussi parce que les développements ultérieurs sont la solution du même problème. A chaque pas Fichte s'est enrichi, répétons-le ; mais sa richesse est toujours accumulée dans le même sens. Il n'y a guère de raison qui permette de distinguer un premier Fichte d'un second, si ce n'est qu'après 1798 il ne publie pas tout comme il le faisait auparavant.

Fichte voulait consacrer une moitié de sa vie à la théorie transcendantale *stricto sensu* et l'autre moitié à la philosophie politique. De là vient notre souci de mettre bien en lumière le côté politique. Du côté de la théorie transcendantale pure, il fallait résumer avec vigueur. C'est que la pensée théorique transcendantale

1. SW. Bd. VIII, p. 368.

est si complexe dans l'architecture des synthèses quintuples qu'un simple résumé défigurant était possible dans le cadre de cet ouvrage. En revanche la politique ne présentait pas les mêmes difficultés, même si elles étaient très grandes.

Mais enfin nous n'avons pas à nous justifier : c'est dans la nature des choses que gît la difficulté. Si la philosophie transcendantale théorique est d'une redoutable complexité et non la philosophie politique, nous n'y sommes pour rien. En revanche nous voudrions souligner une évidence sentimentale en un sens. Le dernier grand livre de Fichte, *Les Discours à la nation allemande,* est de 1807. Lui-même était né en 1762. C'est donc dans sa quarante-cinquième année qu'il achève l'essentiel de son œuvre. Il avait, lui-même, déclaré en 1804 avoir porté la W-L à son point de perfection et trois années plus tard il livrait avec une certaine grandeur l'essentiel de sa pensée politique. Bien entendu il écrira encore après 1807 aussi bien sur la W-L que sur la politique. Mais je juge qu'il n'est plus sur la haute crête de la pensée. On peut s'attacher aux écrits postérieurs à 1807, mais s'ils apportent des précisions – par exemple la *Rechtslehre* de 1812 – ces écrits ne permettent pas de renouveler le système de fond en comble. Et en poussant un peu plus loin il faudrait dire deux choses. L'une est que Fichte commence à se taire à un âge où Kant prenait à peine la parole. L'autre plus poignante est qu'en somme à peu de choses près la vie philosophique de Fichte n'a pas beaucoup dépassé en durée celles de Rousseau et de Nietzsche. Fichte a vraiment écrit inventivement et intensivement de 1793 à 1807, soit quatorze années. Nietzsche n'a écrit que dix années et de même Rousseau, qui compose son premier *Discours* en 1750 et remet à l'imprimeur ses deux dernières grandes œuvres – l'*Emile* et le *Contrat social* – vers 1760. On imagine mal l'*intensité* de la pensée qui habitait ces esprits. Il y a là quelque chose de monstrueux si l'on veut. Mais je préfèrerais que l'on en parle en partant de certaines thèses de Bergson sur l'intuition philosophique.

Nous n'avions pas ici à exposer les raisons qui conduisirent le public philosophique à l'incompréhension de la philosophie fichtéenne. Ce qui paraît certain pour quiconque a lu avec une attention soutenue la première W-L 1794-95, la seule publiée par Fichte, c'est que le philosophe a profondément sous-estimé la difficulté de sa philosophie et de sa composition architectonique. Même dans les écrits dits de philosophie populaire Fichte n'a pas été vraiment simple. Quand on pense en outre qu'il n'a pas voulu tout dire – sous le prétexte moral de ne pas opprimer la pensée personnelle, et pour imiter le Christ qui, selon lui, ne disait jamais les choses que dans un certain « clair-obscur », de manière que l'on soit obligé de penser par soi-même (2) – on mesure les risques énormes pris par Fichte. Dès les premières années Schelling, « le crieur public du Moi » croyait exposer correctement la W-L alors qu'il n'y entendait rien. L'irréparable fut commis dans l'écrit de Schelling *Vom Ich* (1795). C'était tout sauf du Fichte. Mais cela avait un mérite : mérite apparent de clarté et aussi mérite réel dans l'expression. Quand on n'a jamais lu Fichte ou Schelling on peut faire une intéressante expérience – prendre une page de la première W-L et une page de *Vom Ich*. Et puis, cela fait, on dira : voici ce qu'il y a dans le texte de Fichte et voici ce qu'il y a dans celui de Schelling. Or, même si l'on n'est pas d'accord avec Schelling, il sera très facile de dire : voici la pensée présentée. On en sera bien incapable avec Fichte – souvent même on ne pourra pas dire ce qu'il y a dans la page de Fichte. Que ce dernier ait tellement sous-estimé la difficulté de sa pensée tient sans doute en ce qu'il avait une

2. Cf. *La Liberté humaine*, p. 16.

intuition pénétrante et claire de ses exposés. Ce fut la grande erreur de Fichte.

Mais, chose triste à dire, il ne pouvait pas ne pas commettre cette erreur. Si j'opère une différenciation (au sens mathématique), j'use nécessairement d'un système de signes qui ne se laisse pas reconduire au langage habituel et qui à ce niveau est confus. Aussi même en écartant le problème moral du message qui ne devait se donner qu'en partie, Fichte s'était mis dans une situation redoutable. – Ceci joua beaucoup dans l'idéalisme allemand et ce n'est vraiment pas un paradoxe, à lire R. Lauth (3), si Fichte ne fut dépassé que dans l'exacte mesure où il était incompris. Les analyses de Hegel dans la *Differenzschrift* et dans *Glauben und Wissen* reposent sur des contre-sens notoires. En France, répétons-le en ces conclusions, Victor Cousin, admirateur de Schelling de Kant, répandit l'idée – si on peut dire qu'il s'agit d'une idée – d'un idéalisme subjectif. La conscience absorbait le monde ! On pensait qu'il y avait là quelque chose de philosophique et c'était faire injure à la philosophie. Comme on l'a montré l'idéalisme subjectif prêté à Fichte est une notion qui n'a pas plus de consistance qu'un carré rond. Bergson lui-même crut découvrir chez Fichte un « Dieu formel » – mais que veut dire *sérieusement* cette expression ? Qui a jamais *pensé* à un Dieu formel ? On a accablé Fichte sous des expressions qui étaient toutes de purs nonsens.

Les années 1960 devaient voir s'amorcer un « retour à Fichte », de nouvelles traductions, des interprétations indépendantes de Schelling et de Hegel guidées par le souci de ne pas faire de la philosophie avec des mots-images. Fichte apparaît. La Doctrine

3. R. Lauth, *Die Entstehung von Schellings Identitätphilosophie in der Auseinandersetzung mit Fichtes Wissenschaftslehre*, Münich 1975.

de la Science est de mieux en mieux comprise selon les règles de la mathématique supérieure. Mais hélas ! il n'en faut pas douter : on jugera que la mathématique est simplement formelle. Pour ceux qui jugeront autrement le mystère du monde, composé selon le poids, la mesure et le nombre, s'éclairera. O ! *Altitudo !*

Die Lehrer aber werden leuchten wie des Himmels Glanz
Und die, so viele zur Gerechtigkeit weisen
Wie die Sterne immer und ewiglich.

Daniel, 12, v. 3.

Paris, 15 mars 1984.

BIBLIOGRAPHIE SOMMAIRE

EDITIONS COMPLETES OU IMPORTANTES

– *Johann Gottlieb Fichte's sämmtliche Werke. Herausgegeben von Immanuel Fichte,* Berlin, 1845. 8 vol.

– *Nachgelassene Werke.* Herausgegeben von Immanuel Fichte, Bonn, 1834-35. Bonn. 3 vol.

– Joh. Gott. Fichte's Werke : *Werke. Auswahl in sechs Bänden. Mit mehreren Bilnissen Fichtes herausgegeben und eingeleitet von Fritz Medicus, Leipzig,* 1910.

– *Nachgelassene Schriften, herausgegeben von H. Jacob,* Berlin, 1937.

– Johann Gottlieb Fichte. J.G. Fichte. *Gesamtausgabe Der Bayerischen Akademie der Wissenschaften* (GA), *Herausgegeben von Reinhard Lauth* u.a, Stuttgart, 1962 (édition en cours, 21 vol. parus).

– *Johann Gottlieb Fichte's Leben und litterarischer Briefwechsel, herausgegeben von seinem Sohne, Erste Auglage,* Sulzbach, 1830. 2 vol. Leipzig, 1862.

– *Fichtes Briefwechsel, kritische Gesammtausgabe gesammelt und herausgegeben von* Hans Schulz, Leipzig, 1925. 2 vol.

On trouvera dans la *Philosophische Bibliothek* (Felix Meiner Verlag, Hambourg) des éditions critiques très importantes de la *Wissenschaftslehre nova methodo* 1798 (Bd. 336), de la *Wissenschaftslehre 1801* (Bd. 302) et de la *Wissenschaftslehre* 1804 (Bd. 284).

TRADUCTIONS FRANÇAISES

– *Discours à la Nation allemande,* J. Molitor, Costes, 1923.
– *La Destination de l'homme,* M. Molitor, Aubier, 1942.
– *Initiation à la vie bienheureuse,* M. Rouché, Aubier, 1944.
– *Oeuvres choisies de philosophie première,* A. Philonenko, Vrin 2e ed, 1972.
– *La destination du savant,* J.L. Vieillard-Baron, Vrin, 1969.
– *La Théorie de la Science,* D. Julia (exposé de 1804) Aubier.
– *Essais philosophiques choisis,* Luc Ferry - A. Renaut, Vrin, 1984.
– *J.G. Fichte, Machiavel et autres écrits philosophiques et politiques de 1806-1807, traduction et présentation par Luc Ferry et Alain Renaut,* Payot, 1981.
– *Philosophies de l'Université,* Luc Ferry - A. Renaut, Payot, 1979.
– *Considérations destinées à rectifier le jugement du public sur la Révolution française,* Barni, Paris, 1858.
– « La Recension de l'Enésidème » par Fichte : introduction et traduction, P. Ph. Druet, in *Revue de Métaphysique et de Morale,* 1973, pp. 363-384.
– L'essence de la Théorie de la science, traduction avec notes du *Sonnenklarer Bericht* de Fichte, A. Valensin, in : Archives de philosophie, 1926, 2e n. Beauchesne.
– *L'Etat commercial fermé,* J. Gibelin, Vrin.

BIOGRAPHIES

– *Fichte et son temps,* Xavier Léon, 2 tomes en 3 volumes (I, II/1, II/2) Armand Colin, Paris, 1922-1927.
– *Fichtes Leben,* F. Médicus, Leipzig, Meiner, 1922.

COMPLEMENTS – RECUEILS

– *Erneuerung der Transzendentalphilosophie, Reinhard Lauth zum 60. Geburstag,* Stuttgart-Bad Cannstatt, 1979.
– *Der transzendentale Gedanke,* Meiner 1981, Hambourg.
– *Fichte im Gespräch* Bd. I et suivants, Stuttgart-Bad Cannstaat, 1978.
– Exposés abrégés de la Doctrine de la Science par A. Philonenko in 1) *Histoire de la philosophie* dirigée par Y. Belaval, collection de la Pléiade, T. II, 2) *Histoire de la philosophie,* Hachette, sous la direction de F. Chatelet, T. V, 3) Article *Fichte* in le *Dictionnaire des philosophes,* PUF, 4) Article *Fichte* dans l'*Encyclopedia Universalis.*

INTERPRETATIONS IMPORTANTES

(Cette liste est volontairement sommaire).

– *Fichtes ursprüngliches System. Sein Standort zwischen Kant une Hegel,* P. Baumanns, Stuttgart - Bad Cannstatt, 1972.
– *L'idéalisme de Fichte,* B. Bourgeois, Paris, 1968.
– *Les systèmes post-kantiens,* E. Cassirer, Presses universitaires de Lille, 1983.
– *Fichte,* P. Ph. Druet, Seghers, Namur, 1977.
– *Fichte et l'intersubjectivité : les thèses M.A. Philonenko,* Revue philosophique de Louvain, 1973.
– *Philosophie politique,* L. Ferry, 2 vol. PUF, 1984.
– *L'évolution et la structure de la Doctrine de la Science,* M. Gueroult, 2 vol, 1930.
– *Fichte System der Konkreten Ethik,* G. Gurwich, Tübingen, 1924.
– *Der Begriff des Wissens bei Fichte,* K. Hammarcher, Zeitschrift für philosophische Forschung, 1968.
– *Gesammelte Schriften,* E. Lask, 3 vol. Tübingen, 1923.

R. Lauth : *Die Frage nach dem Sinn des Daseins,* Münich, 1953.

– *Der gegenwärtige Stand an den Werken J.G. Fichtes, Zeitschrift für philosophische Forschung,* 1957.

– *Le problème de l'inter-personnalité chez J.G. Fichte. Archives de philosophie,* 1962.

– *Die Bedeutung des Sinn-Begriffs in Kant praktischer Postulatenlehre,* in *Perennitas,* Münster, 1963.

– *Der Begriff der Geschichte bei Fichte, Philosophisches Jahrbuch,* 1965.

– *Zur Idee der Transzendentalphilosophie,* München & Salzburg, 1965.

– *Die absolute Ungeschichtlichkeit der Wahrheit,* Stuttgart, 1966.

– *Von der Nothwendigket einer transzendentalen Begründung der Pädagogik,* in *Gestalt und Wirklichkeit,* Berlin, 1967.

– *Die erste philosophische Auseinandersetzung zwischen Fichte und Schelling Zeitschrift für philosophische Forschung,* 1967.

– *Genèse du « Fondement de la doctrine de la science » de Fichte à partir de ses « Méditations personnelles sur L'Elementar philosophie » Los Prolegomenos a los prolegomenos de la « Doctrina de la Ciencia » de Fichte (Exposicion 1804),* in Annuario Filosofica, 1972.

– *Die Entstehung von Schellings Identitäts philosophie in der Auseinandersetzung mit Fichtes Wissenschaftslehre,* Münich, 1975.

On consultera aussi dans la Philosophische Bibliothek les *Introductions* à l'exposé de la W-L de 1801 (Bd. 336) et 1804 (Bd. 284).

De même on se reportera aux deux articles si importants parus dans la *Revue de Métaphysique et de Morale,* 1983 : *Hegels Fehlverständnis der Wissenschaftslehre in « Glauben und Wissen ».*

– *L'Absolu et « son » apparition absolue d'après la Doctrine du Savoir de 1812 de Johann Gottlieb*

Fichte, Martinez de Maranôn Manzanna, in Archives de philosophie, 1965.
– *Fichte – Il sistema della libertà*, L. Pareyson, Torino, 1976, 2e ed.
– *Etica e estetica in Schiller*, L. Pareyson, Milan, 1983.
– *La liberté humaine dans la philosophie de Fichte*, A. Philonenko, Paris, 1966.
– *Théorie et praxis dans la pensée morale et politique de Kant et de Fichte en 1793*, A. Philonenko, Paris, 1968.
– *Etudes kantiennes*, A. Philonenko, Paris, 1982.
– *Rousseau et la pensée du malheur*, A. Philonenko, 3 vol, Paris, 1984.
– *Fichtes Begriff des Absoluten*, H. Rademacher, Frankfurt am Main, 1970.
– *Recht und Sittlichkeit in J.G. Fichtes Gesellschaftslehre*, H. Verweyen, Münich, 1975.
– *L'héritage kantien et la révolution copernicienne*, J. Vuillemin, Paris, 1954.
– *Fédéralisme et raison d'Etat dans la pensée internationale de Fichte*, G. Vlachos, Paris, 1948.
– *Fichte als politischer Denker*, N. Wallner, Halle, 1926.
– *Die Grundstruktur des transzendentalen Wissens, nach Joh. Gottlieb Fichtes Wissenschaftslehere 1804, 2*, Hambourg, 1977.

On trouvera dans le libre de H. Werweyen *(nº 15) Recht und Sittlichkeit in J.G. Fichtes Gesellschaftslehere* (Münich, 1975) une bibliographie beaucoup plus étendue (p. 344-359) qui complète heureusement celle donnée par X. Léon (op. cit, vol. III, p. 293-319). L'ancienne bibliographie de Fichte qui s'étendait jusqu'en 1966 suppose un ajournement qui atteste la nouvelle vitalité de l'œuvre fichtéenne.

INDEX DES NOMS

Il est à notre sens contraire à l'esprit de la philosophie fichtéenne de la fixer en une quelconque terminologie et Fichte n'eût point souhaité qu'une introduction à sa doctrine se fige dans un index terminologique. Nous avons bien souvent dit et répété que la terminologie formait plutôt un obstacle à la compréhension de l'œuvre du grand philosophe allemand pour ne pas imposer ce joug à cette pensée en terminant ce petit traité introductif. Précisons enfin que nous avons analysé des périodes très différentes de la pensée fichtéenne et qu'une terminologie générale serait, à elle seule, un sujet de thèse, car il faudrait marquer les connexions, les infléchissements de sens. A notre avis une telle thèse pourrait même être dangereuse.

TABLE DES MATIERES

Imprimerie de la Manutention à Mayenne - 5-10-1984 - n° 8819